T0194440

essentials

essentials liefern aktuelles Wissen in konzentrierter Form. Die Essenz dessen, worauf es als „State-of-the-Art" in der gegenwärtigen Fachdiskussion oder in der Praxis ankommt. *essentials* informieren schnell, unkompliziert und verständlich

- als Einführung in ein aktuelles Thema aus Ihrem Fachgebiet
- als Einstieg in ein für Sie noch unbekanntes Themenfelda
- als Einblick, um zum Thema mitreden zu können

Die Bücher in elektronischer und gedruckter Form bringen das Fachwissen von Springerautor*innen kompakt zur Darstellung. Sie sind besonders für die Nutzung als eBook auf Tablet-PCs, eBook-Readern und Smartphones geeignet. *essentials* sind Wissensbausteine aus den Wirtschafts-, Sozial- und Geisteswissenschaften, aus Technik und Naturwissenschaften sowie aus Medizin, Psychologie und Gesundheitsberufen. Von renommierten Autor*innen aller Springer-Verlagsmarken.

Weitere Bände in der Reihe http://www.springer.com/series/13088

Christoph Klotter

Die Psychologie als Verteidigerin der Moderne

Die unterschiedlichen Funktionen
der Psychologie in der Moderne

 Springer

Christoph Klotter
Berlin, Deutschland

ISSN 2197-6708   ISSN 2197-6716   (electronic)
essentials
ISBN 978-3-658-33364-5   ISBN 978-3-658-33365-2   (eBook)
https://doi.org/10.1007/978-3-658-33365-2

Die Deutsche Nationalbibliothek verzeichnet diese Publikation in der Deutschen Nationalbibliografie; detaillierte bibliografische Daten sind im Internet über http://dnb.d-nb.de abrufbar.

Planung/Lektorat: Lisa Bender
Springer ist ein Imprint der eingetragenen Gesellschaft Springer Fachmedien Wiesbaden GmbH und ist ein Teil von Springer Nature.
Die Anschrift der Gesellschaft ist: Abraham-Lincoln-Str. 46, 65189 Wiesbaden, Germany

Was Sie in diesem *essential* finden können

- Eine Zeitdiagnose zu unserem Verhältnis zur Moderne wird vorgestellt.
- Die kulturellen „Motoren" der Moderne werden umrissen: die Ansätze von Denis Diderot, Max Weber, Werner Sombart, die Romantik.
- Die Diskussion um Moderne und Postmoderne wird nachvollzogen.
- Es wird ein Überblick über psychotherapeutische Schulen und deren Anwendung gegeben.

In Erinnerung an Gerburg
Treusch-Dieter

Vorwort

Es gibt nichts zu beschönigen: Die Stimmung in Deutschland ist zumindest durchwachsen. Das liegt nicht nur an dem Corona-Virus. Die Gesichter auf den Straßen haben sich verändert, blasser, faltiger, sorgenvoller. Fußgänger, Fahrradfahrer, Autofahrer sind dem Anschein nach rücksichtsloser geworden. Eine politische Partei hat sich etabliert, die für Rechtsradikale offen ist. Ihre Anhänger schimpfen auf die Menschen mit Migrationshintergrund und sind selbst diejenigen, die die Corona-Schutzmaßnahmen am stärksten ignorieren, also diesem Land gezielt schaden. Die Nazis hätten das niemals getan. Sie hätten die AfD als Volksschädling begriffen. So wäre es zu einfach, Teile der AfD als Nachfolger der Nationalsozialisten zu begreifen. Dazu sind diese zu chaotisch-destruktiv.

Die Begegnung mit den Menschen mit Migrationshintergrund wäre für diejenigen, die schon länger in diesem Land leben, sehr viel einfacher, wenn sie auch stolz sein könnten – auf dieses Land, auf Demokratie, auf Gewaltenteilung, auf die Achtung der Menschenrechte. Aber dieser relative Stolz in Verbindung mit einer kritischen Einstellung zur deutschen Geschichte ist nicht vorhanden, wenig vorhanden. In der vor einiger Zeit stattgefundenen Diskussion um Moderne und Postmoderne wurde dies besonders deutlich.

In diesem Buch geht es also darum, eine Bilanz zu ziehen. Die Moderne hat uns das politische wie nutritive Schlaraffenland beschert und zugleich die Schoah entstehen lassen, weil der Leitsatz der Moderne ein „Alles ist möglich" ist. Alles muss durchschritten werden.

Da ich selbst Diplom-Psychologe bin, auch psychologischer Psychotherapeut, habe ich mich gefragt, welche Rolle die Psychologie und ihre Anwendungen in Beratung und Psychotherapie in der Moderne spielt. Und ich war überrascht, dass ich meine kritische Haltung gegenüber der Psychologie anteilig revidieren musste. Auf unterschiedliche Weise verteidigt die Psychologie die Moderne. Sie

ist zudem ein Schutzschirm gegen totalitäre Ideologien und Tendenzen. Dies gilt
es auszuführen.

Daher hat das vorliegende Buch zumindest zwei Zielgruppen: diejenige, die
sich mit der Psychologie näher befassen will und vor allem ihre gesellschaftlichen Aufgaben besser kennenlernen will, und diejenige, die die Moderne als
selbstverständlich begreift und dies ändern will, also ein reflektiertes Verhältnis
zu unserer Zeit bekommen will.

Dieses Buch verdankt sich einer intensiveren Beschäftigung mit dem französischen Aufklärungsphilosophen, Denis Diderot. Ein ehemaliger Freund und
Kollege, Niels Beckenbach, der leider schon verstorben ist, schlug meiner Frau
und mir vor, unseren ehemaligen Veranstaltungsort mit dem Namen Diderot zu
versehen, was wir dann auch taten. Dadurch durfte ich einen unglaublich guten
Autor kennenlernen, der sich nicht nur mit der Philosophie befasste, sondern
außerordentlich spannende und heitere Romane schrieb. Ins Auge sprang mir
seine Vision einer neuen Anerkennungskultur in der Moderne. Nicht mehr Geburt
soll über das soziale Ansehen bestimmen – die Adlige bekommt durch seine
Herkunft quasi automatisch Anerkennung, der Bauer nicht oder wenig -, sondern die spezifische gesellschaftliche Nützlichkeit, die sich ein Mensch erarbeitet.
Damit war der Feudalismus, die Ständegesellschaft verabschiedet. Damit wurde
aber auch eine Leistungsgesellschaft geschaffen. Alle sind verpflichtet, von früh
bis spät, von der Wiege bis zur Bahre, zu arbeiten, um soziale Anerkennung
zu bekommen. Damit wird auch klar, welche zentrale Funktion die Psychologie
und ihre Anwendung in Beratung und Psychotherapie hat. Sie soll die Menschen dabei unterstützen, wenn sie gute Leistung erbringen wollen oder sollen.
Die in Schwierigkeiten sich befindende Seele wird gleichsam zur Psychotherapie
abkommandiert. Der Mensch, der dies abweist, ist auf der sozialen Anerken-
nungsleiter ganz unten, ganz ganz unten. Tiefer geht es nicht. Schließlich braucht
der moderne Nationalstaat möglichst nützliche Bürgerinnen und Bürger, um dem
anderen Nationalstaat überlegen sein zu können – im Krieg, wirtschaftlich und in
der Wissenschaft.

Und schon gibt es eine Idee davon, warum wir über die Moderne nicht gut
zu sprechen sind. Sie verlangt uns bezüglich der Leistungsbereitschaft zu viel ab.
Und dann müssen wir uns auch noch selbst verwirklichen, müssen einzigartige
Menschen werden. Das ist so anstrengend!

Die populäre Psychologie versucht dieses Problem so anzugehen, indem sie
die sogenannte Entschleunigung anempfiehlt oder zu mehr Achtsamkeit rät. Vor
Jahrzehnten hat Rogers, der Begründer der wissenschaftlichen Gesprächspsychotherapie, auch non-direktive Gesprächspsychotherapie genannt, etwas viel Besse-
res vorgeschlagen: die unbedingte Wertschätzung, einer seiner drei Basisvariablen

für Psychotherapie. Das bedeutet, Anerkennung von der Leistungsfähigkeit zu entkoppeln. Ein Mensch wird wertgeschätzt, so wie er ist. Die Wertschätzung wird nicht gebunden an Leistung. Ein Mensch hingegen, der nur Wertschätzung erfährt, wenn er dies und jenes leistet, fühlt sich nur wichtig, wenn er dies leistet, ansonsten aber als bedeutungslos. Ein Beispiel: Ein Arzt fühlt sich nur wichtig, wenn er den Arztkittel anhat, 60–70 Arbeitsstunden in der Woche. Wenn er ihn auszieht, fühlt er sich miserabel. Dies hat einen einfachen Grund. Als Kind bekam er nur Anerkennung, wenn er gute Schulnoten nach Hause brachte. Also: Auch in diesem Zusammenhang springt die Psychologie ein, versucht, die Moderne zu retten.

Auch Freud bastelte quasi an diesem Problem, indem er davon ausging, dass der Mensch nicht nur Gutes will und tut, sondern dass er auch destruktiv ist. Mit diesem auch skeptischen Menschenbild wird klar, dass Menschen nicht nur gute Leistung erbringen wollen, sondern anfällige Wesen sind, von denen nicht durchgängig viel Positives zu erwarten.

Christoph Klotter

Inhaltsverzeichnis

Einleitung

Zur Verteidigung der Moderne – dieses Anliegen setzt voraus zu wissen, was die Moderne ist und warum sie zu verteidigen ist. Mit dem Begriff der Moderne werden die beiden letzten zwei Jahrhunderte in Europa und der westlichen Welt bezeichnet. Die Moderne wird gekennzeichnet durch Demokratie, Gewaltenteilung, Menschenrechte und zumindest in Europa durch soziale Marktwirtschaft als Modifikation der kapitalistischen Wirtschaftsordnung. Die sozialen Sicherungssysteme schaffen ein in der Menschheitsgeschichte einmaliges diesseitiges Paradies: Krankenversicherung, Rente, Hartz IV. Ebenfalls einmalig in der Menschheitsgeschichte herrscht seit ca. 200 Jahren dank Technisierung und Industrialisierung der Lebensmittelproduktion nutritiver Überfluss. Dank ausreichender Ernährung hat sich die Lebenserwartung verdoppelt.

Doch dies ist zur Selbstverständlichkeit geronnen. Anstatt im Supermarkt angesichts von über 170.000 Lebensmitteln vor Freude zu tanzen oder zumindest dafür dankbar zu sein, nicht verhungern zu müssen, klagen wir gerne über künstliche Aromen und Zusatzstoffe. Bis zur Corona-Krise galten die Konservierungsstoffe auch als bedenklich. Nicht minder selbstverständlich ist es, nicht willkürlich verhaftet und im Gefängnis gefoltert und ermordet zu werden, ja, sogar ein Parlament wählen zu dürfen.

Stattdessen nimmt die sogenannte Politikverdrossenheit zu, eine tendenziell antidemokratische Partei ist im Aufwind. Die Corona-Krise zeigt mit aller Deutlichkeit, dass von einer menschlichen Solidargemeinschaft nicht die Rede sein kann. Viele Mitbürgerinnen und Mitbürger verzichten auf das Mit… und verhalten sich rücksichtslos, missachten die Hygiene-Regeln, schädigen also potenziell sich und den anderen.

Die Verteidigung der Moderne bedeutet also, die unschätzbaren Vorteile der Moderne anzuerkennen und für sie einzutreten. Dies bedeutet jedoch auch,

© Der/die Autor(en), exklusiv lizenziert durch Springer Fachmedien Wiesbaden GmbH, ein Teil von Springer Nature 2021
C. Klotter, *Die Psychologie als Verteidigerin der Moderne,*
essentials, https://doi.org/10.1007/978-3-658-33365-2_1

die Probleme der Moderne nicht zu unterschlagen. Die Moderne versteht sich als unabschließbarer Möglichkeitsraum, als innovatives Experiment gleichsam ohne Grenzen. In diesem Möglichkeitsraum muss nichts ausgelassen werden, auch nicht antimoderne und antidemokratische, diktatorische Politikmodelle wie Nationalsozialismus und realisierter Sozialismus. Sie gehören zu dem „Alles ist möglich". Systematischer Massenmord ist dann auch möglich – von Verfechtern von Ideologien, die das Verblassen des christlichen Glaubens durch säkulare Religionen kompensieren wollten: das arische Volk als Erlöser, die Diktatur des Proletariats und die klassenlose Gesellschaft als neues Paradies. Und in einem Zeitalter, in dem es keine oder kaum Universalien gibt, also kein einheitliches Wertegefüge, keine gemeinsamen Überzeugungen, vielmehr eine neue Unübersichtlichkeit vorherrscht, haben es schlichte Religionssubstitute relativ einfach, Anhängerschaft zu finden.

Die Moderne erlaubt also nicht nur gleichsam mit einem Augenzwinkern derartige Ideologien, sie bietet ihnen auch eine Art von Werkzeug für die Umsetzung. Wie noch ausführlicher zu zeigen sein wird, läutet Diderot die Moderne dadurch ein, dass er davon ausgeht, dass nicht mehr die Geburt über das soziale Ansehen bestimmt (Adliger oder Bauer), sondern dass sich jeder bewähren muss, möglichst nützlich für eine Nation sein muss. Davon hängt ab, wer sozial wie angesehen ist. Die Ideologen operationalisieren dieses Bewähren über die Anzahl der Toten, die sie ermordet haben: je mehr, umso besser. Sie sind also radikale Bewährer. In ihren Augen sind die normalen Bürgerinnen und Bürger einfach Langweiler mit ihrem sich ein bisschen bewähren, nur ein kleines bisschen: auf der Arbeit, im Ehrenamt. Sie selbst hingegen sind die wahren Helden im Massenmord. Über übliche Moralvorstellungen setzen sie sich lässig hinweg. Sie ahnen jedoch nicht, dass sie die Moderne nur fortschreiben, dass sie nur die Ikonen einer Zeit sind, die sie eigentlich verachten. Der Volksmund würde dazu sagen: dumm gelaufen.

Also: Diese massive Radikalisierung der Moderne gilt es gewiss nicht zu verteidigen. In ihr selbst muss alles getan werden, um zu verhindern, dass sie sich entmoralisiert, dass sie entgrenzt. Es ist eine Moderne zu verteidigen, die zugleich experimentell wie klar strukturiert ist. Der Möglichkeitsraum muss unmissverständlich begrenzt bleiben. In der Moderne müssen die Werte der Moderne verteidigt werden, gleichsam bis auf den letzten Blutstropfen.

Wenn von der Metapher der Blutstropfen die Rede ist, dann ist damit gemeint, dass eine Verteidigung der Moderne durch sich selbst nur möglich ist mit Entschlossenheit. Das Verhältnis zur Moderne darf hierbei jedoch nicht fundamentalistisch sein, sonst etabliert sie weitere Fundamentalismen; vielmehr geht es um einen selbstironischen Umgang mit sich selbst, um die Fähigkeit zur Distanzierung von sich selbst (Bohrer 1998). Der fundamentalistische Mensch ist von

Grund auf unironisch. Die AfD-Wähler empören sich über die Einwanderungs-
politik der Großen Koalition, geben sich also in ihrem Sinne als staatstragend.
Zugleich sind sie es, die am Wenigsten Wert auf die Einhaltung der Corona-
Regeln legen. Faktisch untergraben sie eine Gemeinschaft, die sie von Migranten
bedroht sehen, ohne dies als widersprüchlich zu erleben, ohne eine Distanz zu
sich einnehmen zu können.

Zur Verteidigung der Moderne: Ohne Zweifel ist zu beklagen, dass Menschen
mit einem niedrigen sozioökonomischen Status in Deutschland früher sterben als
die besser Gestellten, aber im Vergleich zur restlichen Welt, im Vergleich zur
vormodernen Zeit ist diese Differenz mehr als gering. Verteidigen bedeutet also
anzuerkennen, dass diese Differenz klein ist, und zugleich daran zu arbeiten, dass
sie schmilzt.

Zur Verteidigung, aber auch zur Aufrechterhaltung der Moderne bedarf es
eines Individuums, das psychisch relativ wenig anfällig ist. Dieses soll die Psychologie, daraus abgeleitet etwa Beratung und Psychotherapie, gewährleisten.
Ironie und die Fähigkeit, sich von sich selbst distanzieren, sich von außen betrachten zu können, setzen ebenfalls eine relativ intakte Psyche voraus. Ohne die
Psychologie ist die Moderne nicht zu verteidigen.

Übersicht

In diesem Buch werden zunächst die gesellschaftlichen Rahmenbedingungen und die Mentalitäten der Moderne vorgestellt. Dies meint, dass Diderots Modell des-sich-bewährens vorgestellt wird, zudem die protestantische Ethik nach Weber und am Beispiel Jeffersons sowie die kulturgeschichtliche Entwicklung in der Neuzeit mit Werner Sombart. Es wird umrissen, was die Romantik ausmacht und wie sie unsere Kultur bis heute mitbestimmt.

Von Interesse ist bei der Darstellung der Mentalitäten der Moderne, wie sich das Verhältnis zur Moderne ändert. Jubelt ein Diderot Ende des 18. Jahrhunderts noch, ist er ganz fortschrittstrunken, so zeichnet Weber im letzten Jahrhundert ein düsteres Bild von der Moderne, und Sombart ist ganz ambivalent. Eine Interpretation bietet sich an: Die mehr oder weniger implizite Hoffnung der Aufklärungsphilosophie, durch die Aufklärung, durch bessere Naturbeherrschung, durch den Anspruch der Moderne, nicht erst im Jenseits, im Paradies, Wohlbefin-den zu erlangen, sondern schon im Diesseits, diese Hoffnung hat sich nur anteilig erfüllt. Webers und Sombarts Werke sind so möglicherweise im Zeichen einer Enttäuschung geschrieben, die dazu führt, dass die unfassbaren Errungenschaften der Moderne nicht mehr wahrgenommen werden.

Von der Romantik sind im Alltagsverstand nette Bilder übriggeblieben: das Essen zu zweit draußen bei Sonnenuntergang, ein schöner Ausflug in die Natur. Tatsächlich hat die Romantik zu Anteilen ein radikales Programm aufgestellt: Alles ist möglich, alle möglichen Erfahrungen sollen durchlebt werden, die ganze Bandbreite der Gefühle soll erfahren werden. Sie bildet so potenziell einen Grundpfeiler von totalitären politischen Überzeugungen.

Es wird dann eine Diskussion aufgegriffen, die vor etlichen Jahrzehnten statt-gefunden hat: Leben wir bereits in der Postmoderne, und was könnte sie von

© Der/die Autor(en), exklusiv lizenziert durch Springer Fachmedien
Wiesbaden GmbH, ein Teil von Springer Nature 2021
C. Klotter, *Die Psychologie als Verteidigerin der Moderne*,
essentials, https://doi.org/10.1007/978-3-658-33365-2_2

der Moderne unterscheiden? Auffällig an dieser Diskussion war, dass, von wenigen Verteidigern der Moderne wie Habermas abgesehen, kein gutes Haar an der Moderne gelassen wurde. Demokratie, Menschenrechte – na und! Wir müssen uns jedoch fragen, ob diese Debatte über Moderne und Postmoderne nicht von etwas ablenkt. Auch wenn in ihr epochale Kontinuitäten und Differenzen diskutiert werden, so wird doch auf eine Verbindung dieser *Epochen* rekurriert und ein historisches Faktum *höflich* verdrängt: die Schoah. Schäfer (2020) kritisiert deren Kennzeichnung als bloßen „Zivilisationsbruch".

> „Richtig daran ist sicher, dass die Schoah an die Grundlagen unserer Zivilisation rührt, diese radikal in Frage stellt. Aber sie ist mehr als ein >Bruch< der Zivilisation – Brüche können geheilt, auch überdeckt oder gar überkleistert werden. Die Schoah ist in Wirklichkeit der Absturz oder auch genauer das Ende der Zivilisation, so wie wir sie kennen. Seitdem sind alle Grundannahmen, alle Sicherheiten unserer Zivilisation zerbrochen, liegen in Scherben und können nicht einfach wieder zusammengekittet werden. Wir sind jetzt immer noch in einem Stadium, in dem es darum geht, unsere zerstörte Zivilisation nicht zu rekonstruieren, sondern neu zu errichten – im vollen Bewusstsein dessen, was geschehen ist, oder genauer: was wir haben geschehen lassen." (Schäfer 2020, S. 262)

Jetzt müssen oder dürfen wir uns fragen, warum die erwähnten Errungenschaften der Moderne nicht dazu beigetragen haben, dass wir mit unserem Leben, mit unserer Epoche zufrieden sind, zufrieden sein könnten. Über diesen Errungenschaften liegt auf jeden Fall ein riesiger Schatten: die Schoah. Und die Moderne hat diesen Schatten, der eben weit mehr als ein Schatten ist, produziert, mit den sich so toll bewährenden effizienten Massenmördern. Und der apokalyptische Blick Webers, die ambivalente Sicht Sombarts auf die Moderne könnten zu interpretieren sein als Vorgriff, als ein Vorausahnen dessen, was da noch kommen könnte.

Anschließend wird herausgearbeitet, welchen gesellschaftlichen Nutzen die Psychologie hat, warum sie in der Moderne, also in den letzten 200 Jahren so dringend gebraucht wird: zur Optimierung und Restaurierung des Individuums in einer Gesellschaft der Individualisierung, in der jeder / jede seine / ihre Talente fördern muss, um eine möglichst effiziente Gemeinschaft zu bilden. Individualisierung meint auch die Chance und die Pflicht zur Selbstverwirklichung. Die individualisierte Gesellschaft soll der kollektivistischen überlegen sein. Und genau diese Individualisierung kann als Überforderung, als zu anstrengend erlebt werden. Dies kann einen negativen Blick auf die Moderne produzieren. Sie verlangt einfach zu viel.

Den psychologischen Theorien, die in der Moderne geformt worden sind, können bestimmte Funktionen und Nützlichkeiten in der Moderne zugeordnet werden. Die Lerntheorien und die daraus zu Anteilen abgeleitete Verhaltenstherapie versuchen gleichsam ingenieurswissenschaftlich den Menschen im Funktionsmodus zu halten. „Du kannst es wirklich schaffen", sagen sie unablässig. Die Psychoanalyse erkundet das Unbewusste, weist also Wege zu den anteilig unergründlichen Anteilen der Seele; aber auch wie die Verhaltenstherapie, allerdings auf anderen Wegen, versucht sie, den Menschen arbeits- und liebesfähig (Freud) zu halten. Die Psychoanalyse will also dazu beitragen, dass der Todestrieb nicht lebensbestimmend wird. Damit versucht sie das „alles ist möglich" der Moderne zu begrenzen. Sie ist das Gegengift zu diktatorischen Ideologien. Die humanistischen Ansätze unterstützen die Versuche des Menschen, sich gut zu fühlen und optimistisch zu sein. Der Mensch strebt nach Maslow und Rogers nach Selbstverwirklichung und seine Natur ist von Grund auf gut. Sie betrachten also die Selbstverwirklichung als etwas sehr Positives und versuchen damit, die Zweifel an der Moderne zu zerstreuen. Der systemische Ansatz dezentriert den Menschen. Nicht er, sondern das System ist verhaltensbestimmend. Mit diesem Ansatz wird das Individuum nicht nur entlastet, vielmehr rückt das System, ob Familie, Unternehmen, Organisation, in den Vordergrund – mit dem Ziel, das System zu optimieren. Nicht die als unendlich anstrengende erlebte Individualisierung wird fokussiert, sondern ein bestimmtes Gefüge, eine Gemeinschaft. Das jeweilige Individuum kann dann zu sich sagen: „Bin gar nicht schuld, dass vieles schiefgeht." Die unterschiedlichen psychologischen Schulen und der systemische Ansatz arbeiten also an unterschiedlichen Erhaltungs- und Optimierungsmechanismen des Menschen und des Systems in der Moderne – einer Epoche, in der die Nützlichkeit des Einzelnen für die Gesellschaft oberstes Ziel ist.

Sich bewähren

Der Ansatz Diderots

Nützliche Bürger und Bürgerinnen herzustellen, das ist letztlich das Ziel aller Psychologien des 20. Jahrhunderts. Dieses lässt sich einordnen in das Modell des-sich-bewährens, das Denis Diderot, Herausgeber der Enzyklopädie, der Wikipedia des 18. Jahrhunderts, vor ca. 200 Jahren formuliert hat. Er hat damit eine stille, aber konsequenzenreiche, Revolution eingeleitet.

Seit 200 Jahren können wir uns nicht mehr auf unserer Herkunft ausruhen. Das ehemalige Modell lässt sich so umreißen: Meine Eltern sind Bauern – deshalb bin ich auch Bauer und habe wenig soziale Anerkennung. Meine Eltern sind Adlige – deshalb bin ich ein angesehener Adliger, ein Leben lang! Und dann tritt die bürgerliche Aufklärung auf den Plan. Im Sinne Diderots hängt dann unser Ansehen von dem ab, was wir leisten, was wir für die Gesellschaft leisten. Wenn wir heute zu Anteilen leidend von der Leistungsgesellschaft sprechen, dann wissen wir nicht mehr, dass Diderot sie ausgerufen hat. Wenn nicht wenige Menschen den Kapitalismus anklagen, dann ist ihnen mitunter nicht klar, dass sie nicht den Kapitalismus meinen, sondern die Leistungsgesellschaft im Sinne Diderots, die den Kapitalismus mit vorangetrieben hat.

„Tatsächlich zielt eine Enzyklopädie darauf ab, die auf der Erdoberfläche verstreuten Kenntnisse zu sammeln, das allgemeine System dieser Kenntnisse den Menschen dar-zulegen, mit denen wir zusammen leben, & es den nach uns kommenden Menschen zu überliefern, damit die Arbeit der vergangenen Jahrhunderte nicht nutzlos für die kommenden Jahrhunderte gewesen sei; damit unsere Enkeln nicht nur gebildeter, sondern gleichzeitig auch tugendhafter & glücklicher werden, & damit wir nicht sterben, ohne uns um die Menschheit verdient gemacht zu haben." (Diderot 2001, S. 134)

© Der/die Autor(en), exklusiv lizenziert durch Springer Fachmedien Wiesbaden GmbH, ein Teil von Springer Nature 2021
C. Klotter, *Die Psychologie als Verteidigerin der Moderne*, essentials, https://doi.org/10.1007/978-3-658-33365-2_3

Die Tradition zu bewahren, Wissen zu bündeln und zu überliefern, zum Wohle der Menschheit. Menschen sollen für andere Menschen nützlich sein; sie sollen sich um diese verdient machen. Da geht es nicht um Lust und Laune, vielmehr um eine große Aufgabe: das Schicksal der Menschheit zu verbessern. Und die Zukunft ist nach Diderot einfach besser: mehr Bildung, mehr Sittlichkeit und damit mehr Glück. So etwas nennt sich Fortschrittstaumel. Im 18. Jahrhundert war der offenbar, angestachelt durch die naturwissenschaftlichen Revolutionen und die demokratischen Visionen der Aufklärung, noch möglich. Dieser Taumel bildet den Grundton Diderots in der Enzyklopädie.

Heute ist von diesem Fortschrittstaumel wenig übriggeblieben. Warum eigentlich?

- Es gibt „Kratzer" am idealen Menschenbild der Aufklärung. Der europäische Mensch der Moderne war Kolonialist, er hat versucht, fast die gesamte Welt zu unterwerfen. Er war also offensichtlich auch böse (Klotter 2018).
- Die negativen Effekte der Technisierung und Industrialisierung werden gerade heute sicht- und spürbar. Dies betrifft vor allem die ökologischen Probleme wie Klimawandel.
- Die weltpolitische und ökonomische Vormachtstellung Europas ist vorbei. Das alte Europa erstarrt im sanften Untergang.
- Die Entzweiung Europas ist unübersehbar: Brexit, Zweifel an demokratischen Werten etwa in Ungarn oder Polen, potenzielle Abspaltung Kataloniens von Spanien, Erstarken der Rechten in vielen Ländern wie in Frankreich oder Deutschland.
- Der geringe Einfluss europäischer Ideale wie Demokratie oder Menschenrechte auf andere Länder und Kontinente wird immer sichtbarer. Etwa russische oder chinesische Machthaber sind von diesen Idealen weit entfernt.

In den Fortschrittstaumel, von dem Diderot gleichsam befallen ist, mischt sich auch eine neue Kontrolle jedes einzelnen Menschen. Es wird haarscharf geprüft, wer zu was taugt:

„Doch die Zeit lüftet den Schleier; jeder wird dann nach seinem Verdienst beurteilt. Man unterscheidet den nachlässigen Mitarbeiter von dem redlichen, der seine Pflicht erfüllt hat. Das, was einige vollbracht haben, zeigt deutlich, was man mit Recht von allen fordern durfte; die Öffentlichkeit nennt diejenigen, mit denen sie unzufrieden ist, & bedauert, dass sie der Bedeutung des Unternehmens & der Wahl, durch die man sie geehrt hatte, so wenig entsprochen haben." (ebd., S. 151)

Ein bisschen vom Tugendterror der Jakobiner klingt da schon an. Menschen müssen um jeden Preis etwas leisten. Ihnen wird die soziale Anerkennung verwehrt, sollten sie sich diesbezüglich verweigern. Diese Haltung macht jedoch historisch Sinn, weil einerseits der müßiggängerische Adlige angegriffen werden kann, andererseits eine zukünftige starke Nation beschworen wird, die nur dann eine derartige wird, wenn sich alle oder möglichst viele richtig anstrengen.

Diderot erfindet so die moderne Leistungsgesellschaft und er kreiert den permanent gestressten Menschen, der jede Sekunde seines Lebens sich bewähren muss. Aber falls ihm das einigermaßen gelingt, kann er auch richtig stolz auf sich sein. Die soziale Anerkennung im Feudalismus ist ja in gewisser Weise hohl, sie nur einfach zu erhalten, weil jemand einen Adelstitel hat. Diderots Mensch bekommt hingegen *echtes* Ansehen. Die harte Währung der erbrachten Leistung bekommt das entsprechende Gold der sozialen Anerkennung. Die Moderne ist ein kritisch-prüfendes Zeitalter, und jeder Mensch steht ein Leben lang auf dem Prüfstand. Kein Wunder, dass er der Beratung und der Psychotherapie bedarf. Er weiß, er kann notfalls auf sie zurückgreifen, wenn alle Stricke reißen oder zu reißen drohen.

Sich bewähren im Diesseits für das Jenseits

Max Weber (1993) hat eine ergänzende Interpretation zur Marxschen Theorie des Kapitalismus geliefert. Er führt die Entstehung des Kapitalismus mit auf die protestantische Ethik zurück. Diese fordert ein lebenslängliches Arbeiten, das Meiden jeglicher Form von Müßiggang, um sich so die Möglichkeit zu erwirken, der göttlichen Gnade teilhaftig zu werden, etwas, das nur wenigen Menschen zuteilwird. Aber niemand weiß gewiss, ob er von Gott auserwählt wird. Ungewissheit und ständiges Streben und Tun sind so Kennzeichen des menschlichen Lebens. Die menschliche Seele kann sich nie entspannen, kann sich nie sicher fühlen, ist in ständigem Zweifel.

Die Herausgeber des Werkes von Weber, Lichtblau und Weiß, fassen Weber auf folgende Weise zusammen:

„Sein Interesse an den religiös geprägten motivationellen Grundlagen einer genuine >irrationalen< Lebensführung – nämlich des Erwerbs ausschließlich um des Erwerbs willen – und an diversen >Hysterisierungs< -Phänomenen innerhalb der religionsgeschichtlichen Überlieferung sowie seine Beschreibung der durch den asketischen Protestantismus bewirkten >Rationalisierung< der Techniken der Affektkontrolle und der Selbstbeherrschung im Sinne eines methodisch reglementierten Lebensstils zeigen dabei eindringlich, worum es ihm insbesondere in der *Protestantischen Ethik* ging:

nämlich um einen substantiellen Beitrag zur *historischen Psychologie* des modernen Wirtschaftsmenschen ..." (1993, S. VII).

Es wird in diesem Zitat scheinbar sonnenklar, dass der moderne Mensch ein schreckliches Leben führt. Er arbeitet unablässig alleine des Erwerbs willen. Von Spaß, Lebensfreude, Genuss ist bei ihm nicht mehr die Rede. So nimmt es nicht wunder, dass Weber die Moderne als „stahlhartes Gehäuse" (ebd., S. 153) begreift, aus dem es offensichtlich kein Entrinnen gibt. Aber funktioniert die Moderne so dichotom? Ist aus ihr jeder Spaß verdammt? Wir werden gleich sehen, dass Thomas Jefferson, ein sehr bekannter Vertreter der protestantischen Ethik, auf den Genuss gar nicht verzichten will, ihn gar begrüßt.

Nun soll dies also veranschaulicht werden über das Leben und Wirken Thomas Jeffersons (1743–1826), dem Autor der Unabhängigkeitserklärung der Vereinigten Staaten von Amerika und späterem Präsidenten. Zugrunde liegt dem Folgenden die Monographie über Jefferson von Peter Nicolaisen, 2. Auflage 2010.

Wer war Jefferson? 1784–1789 war er in Frankreich tätig, seit 1785 amerikanischer Botschafter in Paris, er war dankbar für die militärische Unterstützung der Franzosen im Unabhängigkeitskrieg, ohne die die Amerikaner gegen die Engländer nicht gewonnen hätten, er erkannte die europäische Kultur an, aber: „Europa macht uns zu Bewunderern unseres eigenen Landes, seines Bodens und Klimas, seiner Gleichheit und Freiheit, seiner Gesetze, seiner Menschen und Sitten." (ebd., S. 57) Er schrieb die Unabhängigkeitserklärung und war Präsident der Vereinigten Staaten von Amerika von 1801–1809.

Die protestantische Ethik lässt sich nicht besser zusammenfassen als über einen Satz Jeffersons: „Es ist wunderbar, wieviel man tun kann, wenn man immer tätig ist." (S. 7) Immer tätig sein, das ist nichts anderes, als sich zu bewähren, um soziale Anerkennung zu bekommen, von der Wiege bis zur Bahre, nicht anderes, als das, was der Katholik, Diderot, mitgeteilt hat. Nur ist es bei Jefferson *auch* auf das Jenseits gerichtet. Aber Jefferson berichtet nicht von einem Leiden, sondern von einem Glück: so unglaublich viel arbeiten zu können. Eine strenge Ethik gebiert nicht ein trostloses Leben, sondern ein sehr reiches und erfülltes. Jeffersons Seele platzt förmlich vor Glück, schaffen zu können, viel und unentwegt schaffen zu können. Als leidenschaftlicher Arbeiter war Jefferson selbstredend ein Multitalent: „Politiker und Staatsmann, Gelehrter und Diplomat, Architekt und Liebhaber der Künste, Landwirt und Ingenieur ..." (S. 7) Er war wissbegierig wie sein Vater, er las die antiken Autoren im Original: auf Latein und auf Griechisch. Er war so ein echter Bildungsbürger.

Aus 13 unbedeutenden Kolonien werden zu Jeffersons Lebzeiten ökonomisch starke Vereinigte Staaten von Amerika. Sie demonstrieren möglicherweise, welche

Effekte die protestantische Ethik zeitigt. Jefferson war wie Diderot, nur weniger zweifelnd, durchdrungen vom Glauben an die gute menschliche Zukunft, an die Vernunft, an die Möglichkeit, das Menschengeschlecht zu erziehen. Heute denkt so niemand mehr. Jefferson schrieb 18.000 Briefe, und diese sind überliefert. Das waren keine knappen Twitter-Nachrichten, das waren richtige Briefe, handgeschrieben, leserlich.

„Vor acht Uhr, rät er dem jungen Mann, solle er sich vornehmlich mit naturwissenschaftlichen Fächern beschäftigen, aber auch mit Fragen der Ethik, der Religion und des Naturrechts; von acht bis zwölf solle er juristische Texte lesen, von zwölf bis eins, Politik, nachmittags Geschichte, von der Dunkelheit bis zum Schlafengehen belles lettres, Rhetorik, Kritik, die Kunst der Rede" (S. 20). Und: „Im Nichtstun dagegen sah er eine Gefahr für die Menschen, vor der zu warnen, er nicht müde wurde" (ebd.). Und: Zu seiner Tochter: „Fasse den Entschluss, niemals untätig zu sein. Wer nie Zeit verliert, wird niemals Gelegenheit haben, über mangelnde Zeit zu klagen." (ebd.)

Und dann gibt es einen Genießer Jefferson, von dem Weber nichts wissen will, nichts wissen darf. Sonst bricht seine ganze Theorie zusammen. Bezogen auf Essen war Jefferson zum Beispiel neugierig und kreativ. Und er investierte in Anbau und Zubereitung sehr viel Zeit. In Virginia, in Monticello, besaß er einen großen Garten, er arbeitete dort mit beeindruckender gärtnerischer Kreativität und Erfindungsreichtum, er baute einzigartige Gemüsesorten und Früchte an, er engagierte einen französischen Koch, erfand Rezepte selbst; in Washington wurde er gerühmt, die besten Diners zuzubereiten. Er schrieb ein Tagebuch über seinen Garten, beobachtete das Wachstumsverhalten seiner Früchte, seines Gemüses, seiner Kräuter. Er war ein besessener Sammler von Kräutern. Er brachte Neuheiten nach Amerika: Waffeln, Eiscreme, italienisches Olivenöl, französischen Senf. Seine Liebe zu französischen Weinen war beeindruckend (Nicolaisen 2010).

Thomas Jefferson passt also gar nicht in das Schema Webers. Von Genussverzicht kann bei ihm nicht die Rede sein. Und seine Arbeit liebte er auch. Vom „stahlharten Gehäuse" der Moderne kann also bei Jefferson nur zu Anteilen die Rede sein. Ja, viel zu arbeiten, ist selbstverständlich. Aber sie macht großen Spaß. Jefferson war ein begeisterter Leser, er liebte es, sich zu bilden, sich bilden zu können. Diese Erfahrung scheint im 20. Jahrhundert nicht mehr allzu präsent zu sein. Die breite Rezeption Webers spricht ja dafür, dass er mit seinem apokalyptischen Blick nicht alleine dagestanden hat. Zu fragen bleibt damit, warum sich eventuell im 20. Jahrhundert eine negative Sicht der Moderne durchgesetzt hat. Jefferson hätte das überhaupt nicht verstanden. Die genannten Stichworte zu dieser negativen Sicht sind die überaus anstrengende Selbstverwirklichung,

der Stress, ein einzigartiger Mensch werden zu müssen, die Leistungsgesellschaft
(Diderot) und natürlich vor allem die Schoa.

Sich bewähren. auch für soziale Macht

Max Weber dekliniert durch, wie die protestantische Ethik, eben auch zu Anteilen
veranschaulicht über das Wirken und Leben Jeffersons, die Entstehung und Aufrechterhaltung des Kapitalismus mit verursacht hat. Werner Sombart hat hierzu
eine andere Interpretationsfolie entwickelt, vor allem in dem Werk „Liebe, Luxus
und Kapitalismus – Über die Entstehung der modernen Welt aus dem Geist der
Verschwendung" (1913).

Warum finden die Kapitalismus-Theorien von Weber und Sombart hier Eingang? Weil sie die bekannte Kapitalismus-Theorie von Marx ergänzen. Beide
haben nicht den Anspruch, mit ihren Ansätzen den Kapitalismus vollständig zu
erklären – im Gegensatz zu Marx, der, vom deutschen Idealismus beeinflusst,
totalisiert. Beide denken auch nicht vollkommen apokalyptisch, schreiben nicht
vom nahenden Untergang des Kapitalismus und dem daraus erwachsenden „Paradies" (klassenlose Gesellschaft), nicht von Fall und Aufstieg. In beiden Ansätzen
dominiert zu Anteilen die Suchbewegung; ein Möglichkeitsraum wird aufgetan.
Sie sind der Hermeneutik und den sogenannten Geisteswissenschaften verpflichtet. Sie gehen implizit davon aus, dass sich die geschichtliche „Wirklichkeit" nicht
in Theorie, nicht in *eine* Theorie, auflösen lässt. Mit Worten ist eine Annäherung an „Realität" möglich, mehr auch nicht. Worte konstruieren eine bestimmte
Weltsicht. Worte dienen dazu, ein gemeinsames Weltverständnis zu erzeugen.
Unterschiedliche Interpretationsfolien können so nebeneinander bestehen. Dieses
Vorgehen bedeutet nicht, auf Empirie zu verzichten, den Zahlen zu misstrauen,
ganz im Gegenteil.

Im Folgenden wird ausführlich Sombart vorgestellt, weil er zum Beispiel
die menschliche Psyche mit geschichtlichen Prozessen wie die Entstehung des
Kapitalismus verschränkt. Nicht die wirtschaftlichen Verhältnisse determinieren
einfach die Psyche, vielmehr umreißt Sombart ein Zusammenspiel. Auch hier hat
sich totalisierendes Denken – wie das Sein bestimmt das Bewusstsein – nicht
durchgesetzt.

Das Vorwort zu Sombarts Werk hat eine Frau, Silvia Bovenschen, geschrieben.
Sie fasst es sehr gut zusammen. Daher dient es hier als Überblick. Es beginnt so:
„Was haben der >Zuckerhandel< und der >Süßigkeitskonsum< mit der >Weiber-
herrschaft< einerseits und dem Kapitalismus andererseits zu tun?" (o. J., S. 7)
Dem seriösen Wissenschaftler, der seriösen Wissenschaftlerin, könnten bei dieser

Frage die Haare zu Berge stehen, werden doch hoch suspekte Themen miteinander verknüpft, und sie werden mit dieser Zusammenschau noch stärker misstrauensinduzierend: Zucker und Weiber. Und die sollen etwas mit Kapitalismus zu tun haben? Da loben wir doch Marx, der rein ökonomisch argumentiert und beruhigenderweise davon ausgeht, dass, wie eben erwähnt, das Sein das Bewusstsein bestimmt. Und dann gehen wir noch einer glücklichen Zukunft entgegen: der klassenlosen Gesellschaft. Sombart hat dagegen keinen Trost zu bieten, nicht einmal von Gesetzmäßigkeiten kann er sprechen. Für ihn ist der Geschichtsverlauf nicht absehbar, nur ein wenig rekonstruierbar. Für Sombart wird die Entstehung des Kapitalismus mit verursacht durch den Luxuskonsum in der Neuzeit, der ein Motor der Verbreitung der kapitalistischen Produktion ist.

„Sombart beschreibt die Geburtsstätten dieses Luxus, seine Struktur, seine Geschichte, seine Gestalt und die Wandlungen dieser Gestalt: wie er eindringt zunächst in das höfische, dann in das städtische Leben, wie er die Physiognomie dieser Städte verändert, schließlich die Interieurs der Häuser, die Ausstattung der Läden und die Bekleidung der Menschen unter sein Diktat zwingt …, und wie er schließlich aufgrund der Anforderungen, die seine besonderen Eigenschaften stellen, die Formen von Produktion und Handel prägt. Aber der Luxus kam nicht von ungefähr und nicht allein: nach Sombart bedurfte er der Formung und der Förderung durch geschmackskompetente Frauen (Zucker und Weiblichkeit), um zu dem zu werden, was wir noch heute mit diesem Begriff verbinden. Unter der Regie von Frauen wurde – immer noch Sombart – eine Form des persönlichen, egoistischen und qualitativen (im Unterschied zu rein quantitativen Anhäufung von Gütern oder Dienstleistungen) Luxus überhaupt erst kreiert." (Bovenschen in Sombart S. 8 f.)

Mit dem Mittelalter und den Jahrhunderten danach entsteht ein neuer Reichtum in einer neuen Gesellschaftsschicht, einer Mischung aus Adel und Bürgertum, lebend in einer neuartigen Stadt (Residenz- und Konsumstadt), „neue Geselligkeits- und Konsumgewohnheiten" (ebd., S. 9) werden üblich, ein neuer Frauentyp betritt die Bühne: die Konkubine, die Maitresse, die körperliche Liebe liberalisiert sich, „illegitime" Beziehungen werden gesellschaftlich akzeptiert. Die Kurtisane hat mit der Prostituierten unserer Zeit, zumindest mit dem Klischee der Prostituierten, wenig zu tun. Sie ist gebildet, liest Bücher, gibt ihr Wissen weiter; sie interessiert sich für Kunst und erzieht ihre Männer in Kunstdingen. Der „one-night-stand" ist ihre Sache nicht. Zu ihren Liebhabern geht sie eher dauerhafte Bindungen ein.

„Da tritt sie auf, die Stadtmaitresse, die ihren Status im Paris des 18. Jahrhunderts mit ca. 10.000 anderen Frauen teilt; ihr Name steht in einem Adressbuch, das jährlich herausgegeben wird und in dem die berühmtesten Damen ihrer Art aufgelistet sind; in allen Luxusfragen ist sie normbildend, ihr Einfluss reicht sogar in den Bereich der

Hygiene, denn auch die >femme hônnete< wird erst durch sie >veranlasst, sich zu waschen<. Sie ist >durch Talent und Übung< eine Spezialistin der illegitimen Liebe." (ebd., S. 11).

Von *billiger Nutte* kann da nicht die Rede sein. Sie provoziert nicht Verachtung, sondern Bewunderung. Sie ist das Vorbild für die anderen Frauen. Diese rüsten nach in besserer Hygiene, beginnen, sich zu waschen, weil das die Konkubine quasi schon immer gemacht hat. Und zuweilen fällt ihnen sogar ein Buch in die Hände. Und wenn es gut geht, beginnen sie, lesen zu lernen. Und selbstredend muss sich die Kurtisane permanent bewähren. Sie muss die Ehefrau ausstechen, aber auch die andere Kurtisane. Sie muss sich messen an der jüngeren Maitresse.

Es ist fast so, als habe Diderot sein Modell des-sich-bewährens von der Maitresse abgeguckt. Nein, sie wird nicht als Bäuerin geboren und sie stirbt nicht als Bäuerin. Nein, sie wird nicht Ehefrau und stirbt nicht als Ehefrau. Ja, sie muss ein Leben lang kämpfen, um beliebt und finanziert zu sein. Gleichsam von der Wiege bis zur Bahre. Und sie kann nicht aufhören, Bücher zu lesen. Sie muss ein Leben lang die aktuellen Werke kennen. Sie muss ein Leben lang, aus diesen zitieren können, sie empfehlen können. Oder eben auch nicht. So ist das Leben ein ewiges Ringen. Der Einzelne kommt nie zur Ruhe. Seine Seele ist im ständigen Wandern.

Wer sind die Liebhaber der Konkubine?

„Der Herr, dem sie ihre Gunst schenkt, entstammt dem >neuen Adel<. Seinen Reichtum könnte er der Ausplünderung des Orients oder der reichen Edelmetalllager in Afrika, dem Zwangshandel der Sklaverei verdanken, er könnte sich auch durch Finanz- und Liefergeschäfte während der Kriege Ludwigs des XIV. gesundgestoßen haben, möglicherweise lebt er von einer satten Grundrente, der Auswucherung seiner Pächter etc. etc." (ebd., S. 11).

Weder diesen Liebhaber noch seine Kurtisane hätte es als neue gesellschaftliche Gruppe im Mittelalter gegeben. Vor allem der aufblühende Handel in der Neuzeit lässt den *neuen Herren* entstehen, der die Konkubine unterhält. So entsteht eine Wechselwirkung zwischen Ökonomie und neuen *Typen*, die wiederum die Wirtschaft richtig ankurbeln.

„Wenn sie (die Kurtisane; A. d. A.) auch nicht wie die >Königliebchen< Schlösser nach >ihrem Willen< bauen lassen kann, so gibt sie doch ungeheuerliche Summen für die Ausrichtung ihrer pompösen Feste, für Kleider, Pferdegespanne und Karossen, für Inneneinrichtungen, Gegenstände ihres alltäglichen Gebrauchs, in Ballhäusern, Theatern und Restaurants aus. Ihren Tee, ihren Kaffee oder Schokolade beliebt sie mit großen Mengen Zucker anzureichern." (ebd., S. 12).

Also: Der Handel wird mit dem Konsum von Zucker, Kaffee, Tee, Schokolade massiv angekurbelt. Der Zucker ist so einer der zentralen Katalysatoren bei der Entstehung des Kapitalismus. Und es war die Kurtisane, die ihn so sehr liebte. Und wer heute Zucker nicht mag, wer seinen Kindern Süßigkeiten verbietet, reiht sich dann implizit ein in die Riege der Kapitalismus-Kritiker. Und der Kapitalismus-Kritiker ist arm dran, der dem Zucker quasi verfallen ist. Er muss seinen Feind fressen.

> „Monokausalen Erklärungsangeboten zur Genese des Kapitalismus setzt Sombart gerade im Zusammenhang mit Einzelstudien zum >modernen Kapitalismus< den Hinweis auf ein Zusammenwirken verschiedenster Faktoren, gesellschaftlicher Kräfte, geistiger Strömungen, materieller Interessen – auf den Einfluss der Juden, des Krieges und des Luxus – entgegen." (ebd., S. 12).

Grenzenlose Erleichterung macht sich breit. Primitive und totalitäre monokausale Erklärungsmodelle werden suspendiert beziehungsweise erweitert. Die Menschheitsgeschichte lässt sich nun mal nicht auf zwei Prinzipien zurückführen. Dazu ist sie viel zu komplex. Und wer hätte gedacht, dass der sinnliche Genuss zur Entstehung des Kapitalismus beigetragen hat. „Der Luxus, auf dem Nährboden von materiellem Reichtum und kultureller Liberalität gedeihend, verdankt sich laut Sombart ursächlich einer >rein sinnlichen Freude am Genuss<." (ebd., S. 13) Aus dem quasi toten Element einer Klasse in einer Klassengesellschaft wird so ein sinnliches Wesen, das gerne isst, Luxus liebt und sogar den Sex. Dann schafft dieses Wesen zudem noch ein neues Wirtschaftssystem, ist zumindest daran beteiligt. Der arme Marxist mag sich so etwas gar nicht ausdenken.

Und wenn wir wie die Psychoanalyse (siehe weiter unten) der Biographie eine sinnstiftende Bedeutung zuschreiben, dann sollten wir nicht vergessen, dass Sombart Sohn eines Rittergutsbesitzers und Zuckerindustriellen (ebd., S. 13) gewesen ist.

Wir fassen zusammen:

Der Konsum schafft damit eine neue Dimension von Identitätsbildung und potenziell von Selbstwertgefühl oder mangelndem Selbstwertgefühl. Im letztgenannten Fall muss der Mensch, der darunter leidet, nicht ausreichend Ressourcen für den großen Konsum zu haben, in Psychotherapie. Er nimmt also die mentale Psycho-Werkstatt der Moderne in Anspruch. Er fühlt sich so bedeutsam, dass er sich mindestens 25 h Psychotherapie von seiner Krankenversicherung finanzieren lässt. Seine Vorfahren vor 1800 hätten vom Pfarrer der Gemeinde fünf Minuten geklaut, um sich beraten zu lassen. Sie fühlten sich letztlich vollkommen bedeutungslos, wenn sie nicht gerade Graf oder Gräfin gewesen sind.

Und dem heutigen Konsumenten, der heutigen Konsumentin fällt das eigenständige Denken quasi in den Schoß. Schließlich müssen sie überlegen, was ihnen warum gefällt, was ihre Körper schmückt oder eben nicht. Sie müssen nachdenken, auch über sich: Welcher Typ bin ich, und was steht mir deshalb? Wie möchte ich nach außen wirken? Wem möchte ich gefallen? Der Konsum begünstigt den Ausgang aus der selbst verschuldeten Unmündigkeit (Kant).

Romantik

Der genießende Mensch, der in seinem Leben möglichst viel erfahren will, der auf sich setzt, das ist der moderne Mensch in Sinne Sombarts. Mit auf den Weg gebracht hat dieses neue Menschenbild zu Anteilen die Romantik, deren Ideal darin besteht, kein Massenmensch zu werden. Jeder habe das Recht, ein Außenseiter zu sein, und so ganz besonders zu sein. Im Folgenden soll diese Romantik kurz umrissen werden.

Der Mensch lässt sich nicht reduzieren auf Vernunft und Pflichten, nicht auf den Menschen der protestantischen Ethik (Weber), vielmehr stehen die Gefühle im Vordergrund, deren ganze Bandbreite durchschritten werden muss. Das ist genau das Gegenbild zum Menschenbild der Aufklärung, mit dem Vernunft und Wille den Menschen lenken sollen. Die innigliche Liebe wird von der Romantik nahezu erfunden, ebenso die tiefe Freundschaft. Damit legt die Romantik ein weiteres Fundament für eine ausdifferenzierte Seele, für die empfindsame Seele, wie schon Diderot. Das Konzept des Todestriebes (Freud) wird von der Romantik gleichsam vorweggenommen. Positive, rein vernünftige Lebensführung ist auf keinen Fall ihr Programm, sondern individuell höchst unterschiedliche Lebenskunst, die das Scheitern integriert. Aber auch diese Romantik kann sich der instrumentellen Vernunft nicht entziehen. Nur der romantisch-experimentelle Mensch kann sich und seine Umwelt neu erfinden und erschaffen; ohne subversive Kreativität kein Vorwärtskommen in einer Gesellschaft. Dadaismus und Surrealismus zum Beispiel können so als unentbehrliche Katalysatoren des allgemeinen Fortschritts begriffen werden. Mit ihnen wird quergedacht, wird das Unmögliche gedacht. Mit der Romantik kann aber auch Politikgestaltung grundlegend geändert werden. Deren Zulassung der Entgrenzung kann zu diktatorischen Staatsmodellen führen. Keine Zweifel, wir hegen fast alle Sympathie für die Romantik. Sie verspricht, das

© Der/die Autor(en), exklusiv lizenziert durch Springer Fachmedien Wiesbaden GmbH, ein Teil von Springer Nature 2021
C. Klotter, *Die Psychologie als Verteidigerin der Moderne,*
essentials, https://doi.org/10.1007/978-3-658-33365-2_4

Leben spannend zu machen, unabsehbar, ein reines Abenteuer in einer unendlich schillernden Welt. Da kann dann schon mal etwas Übles passieren, gehört
einfach dazu. Und den Nationalsozialismus hat es ja *nur* 12 Jahre gegeben. Die
Romantik attackiert zwar das Menschenbild der Aufklärung. Zugleich ist sie der
Motor der Moderne. Denn sie verzichtet keineswegs auf Rationalität. Sie erweitert
diese um die Gefühle und Leidenschaften, die Bewegung in die erstarrte bürgerliche Welt bringen – eine Bewegung, die definitorisch unabsehbar ist (Klotter und
Beckenbach 2012).

Moderne – Postmoderne

Worum geht es im Folgenden?

Wenn der Titel dieses Buches lautet „Zur Verteidigung der Moderne", dann muss die Kontroverse um Moderne und Postmoderne mit aufgegriffen werden, also auch die massive Kritik der Vertreter der Postmoderne an der Moderne. In diesem Zusammenhang ist wichtig, dass diese Vertreter fast durchgängig kein gutes Haar an der Moderne lassen. Damit entwerten sie unsere Vergangenheit, aber auch unsere Gegenwart in erheblichem Umfang. Sie beschädigen unser kollektives Selbstwertgefühl. Wie ist dann eine gute Zusammenarbeit mit Menschen anderer Kulturen möglich?

Die Moderne kreiert auch eine gleichsam allmächtige menschliche Psyche. Die Neuerfindung der Moderne müsste dann darin bestehen, diese auf Halbmast zu setzen.

In der Menschheitsgeschichte ist es recht ungewöhnlich, dass sich eine Zeit von der anderen abgrenzt und sich zugleich auf die Vorzeit bezieht. Das nennt sich dann Postmoderne: nach der Moderne und eben doch auch noch eventuell modern. Die Spät-Antike nannte sich nicht so in der Zeit der Spät-Antike, vielmehr ist das eine Bezeichnung aus viel späterer Zeit. Wir werden noch sehen, warum die sogenannte Postmoderne von der Moderne fortwollte. Aber eine Interpretation ist bereits jetzt möglich: Mit dem Post, soll die Schoah vergessen und verbannt werden, fällt sie doch offensichtlich in die Zeit der Moderne und niemals in die der Postmoderne.

Im Zentrum der nun folgenden Darstellung der Argumentationsfiguren um Moderne und Postmoderne stehen zwei Sammelbände. Der eine ist von Welsch 1988 herausgegeben worden „Wege aus der Moderne – Schlüsseltexte der Postmoderne-Diskussion". 10 Jahre später bündelt der „Merkur – Deutsche

Zeitschrift für europäisches Denken" die Beschäftigung mit diesem Thema „Postmoderne – Eine Bilanz". Es muss hierbei ausführlich zitiert werden, um die Denkweise der Kritiker der Moderne besser verstehen zu können.

> „>Postmoderne< ist ein Ausdruck, der nicht mehr nur auf Literatur, Architektur und andere Sparten der Kunst angewandt wird, sondern soziologisch so gut eingeführt ist wie philosophisch, ökonomisch so sehr wie theologisch, und er hat in Historie und Anthropologie, Jurisprudenz und Psychiatrie, Kulturtheorie und Pädagogik Eingang gefunden." (Welsch 1988, S. 1).

Jetzt wissen wir, wie populär dieser Begriff Ende der 80er Jahre des letzten Jahrhunderts gewesen ist. Wir wissen aber noch nicht, was mit ihm umrissen werden sollte. Und wir wissen nicht, warum dieser Begriff heute so verblasst ist. Und Welsch fand die postmoderne Debatte wichtig: „Die Diskussion um die Postmoderne ist im Kern eine Auseinandersetzung um die Moderne." (ebd., S. 2) Und die Moderne wird von ihm differenziert: 18. Jahrhundert „das Projekt der Aufklärung" (ebd.), 19. Jahrhundert „das Fortschrittsprogramm des Industrialisierungsprozesses" (ebd., S. 3), 20. Jahrhundert: „beispielsweise die künstlerischen Avantgarden oder die Grundlagenkrise der Wissenschaft oder, noch einmal ganz anders, politische Totalitarismen" (ebd.) Wir können schlussfolgern: *Die* Moderne gibt es nicht, vielmehr gibt es unterschiedliche Projekte der Moderne. Es wäre spannend zu schauen, was sie verbindet. Und es ist überaus wichtig, dass Welsch die Totalitarismen des 20. Jahrhunderts nicht als das Andere der Moderne kennzeichnet, sondern als Teil der Moderne. Aber er sagt nicht, warum die Totalitarismen Projekte der Moderne sind. Weiter oben wurde ja schon ein Hinweis darauf gegeben, dass die Moderne strukturell entgrenzt ist und so totalitäre Bewegungen zulässt, und dass diese Diderots Credo des sich bewähren Müssens einfach radikalisiert haben. Mit diesem Denkmuster gehören sie also zur Moderne.

Welsch wendet sich gegen eine *Kriegs*diskussion zwischen *Fans* der Moderne und der Postmoderne. „Viele erkennen heute, dass die pauschale Entgegensetzung von Moderne und Postmoderne dort, wo sie noch immer praktiziert wird, nur mehr als Ritual repetiert wird." (ebd., S. 4) So ist eine der Kennzeichnungen der Moderne für Welsch die, dass in und mit der Postmoderne die Moderne befragt und reflektiert wird. Und er schließt sich Lyotard an.

> „Die Moderne war Lyotard zufolge durch die Herrschaft von Meta-Erzählungen charakterisiert, die jeweils eine Leitidee vorgaben, die alle Wissensanstrengungen und Lebenspraktiken einer Zeit bündelte und auf ein Ziel hin versammelte: Emanzipation der Menschen in der Aufklärung, Teleologie des Geistes im Idealismus … Beglückung

aller Menschen durch Reichtum im Kapitalismus, Befreiung der Menschheit zur Autonomie im Marxismus etc.:" (ebd., S. 12).

Wer sagt, dass der Kapitalismus die Menschen durch Reichtum beglücken will? Der Kapitalismus ist zuallererst ein Wirtschaftssystem der freien Warenströme, das untrennbar mit Demokratie verbunden ist. Es gibt zwar Kapitalismus ohne Demokratie, aber keine Demokratie ohne Kapitalismus.

Und Welsch hebt hervor, dass durch „schmerzliche Erfahrungen" (ebd.) mit diesen Meta-Erzählungen die Moderne untergegangen ist. Die Schoah oder die UDSSR Stalins oder Maos China vor Augen, ist der Ausdruck „schmerzliche Erfahrungen" eine sehr starke Untertreibung. Diese Meta-Erzählungen seien verbunden mit „Zwang und Terror" (ebd.), die die Postmoderne suspendiert habe und die die Vielfalt und das Differente schätze. Jetzt wird klar, warum Welsch die Totalitarismen zur Moderne rechnet. Und wir könnten schlussfolgern: Die Moderne ist als Postmoderne zu verteidigen. Und zugleich sind bestimmte Meta-Erzählungen nicht einfach zu verdammen. Die Aufklärung als Ausgang aus der selbst verschuldeten Unmündigkeit zu definieren, kam doch einer Revolution gleich: selbst denken zu lernen und nicht blind dem Pfarrer oder Lehrer folgen. Und auch Diderot hat eine Revolution angestoßen: Nicht mehr die Herkunft bestimmt über das soziale Ansehen, sondern das-sich-bewähren (siehe weiter oben). Und Kant hat ja nicht vorgegeben, wie jemand zu denken hat und Diderot forderte nicht bestimmte Arten des Bewährens. So wäre zu unterscheiden zwischen den Meta-Erzählungen. Marx führte in der Umsetzung zu Terror, Kant und Diderot nicht. Die Menschenrechte sind doch eine wunderbare Meta-Erzählung, die Idee und Umsetzung der Demokratie nicht minder. Es gilt also bei den Meta-Erzählungen unbedingt zu differenzieren, was Welsch nicht macht.

Im Anschluss an Lyotard hebt Welsch hervor, dass die Postmoderne keine Epoche ist, sondern ein bestimmtes Denken „jenseits von Einheitsobsessionen der irreduziblen Vielfalt der Sprach-, Denk- und Lebensformen Rechnung trägt ..." (S. 12 f.)

Auffällig bei Autoren wie Welsch ist, dass die Vorzüge der Moderne in keiner Weise gewürdigt werden: Demokratie, Menschenrechte, soziale Sicherungssysteme, Bildung für alle, Abschaffung des Feudalismus. Damit sind die Menschen nicht mehr an die Scholle gebunden. Sie können reisen, wenn sie wollen, um die ganze Erde. Die Moderne – sie wird einfach nur verachtet. Zumindest lässt sie kalt. Eine groteskere Fehleinschätzung ist kaum möglich.

„Konventionell pflegte man angesichts von Defiziten einer an Gesamtidealen orientierten Realität zu sagen, es sei eben nicht ganz gelungen, diese Idee zu realisieren oder ihren umfassenden Anspruch einzulösen. Das liege an unserer – leider immer wieder hinderlichen – Endlichkeit. Die postmoderne Reflexion sieht das gerade umgekehrt: Die Einlösung der Idee, deren vollendete Realisation brächte das vollendete Desaster. Das Nichtgelingen ist unser Glück. Denn die Heilsvorstellungen, die auf Ganzheit zielen, sind in Wahrheit Unheilvorstellungen … Das manifeste Ganze, die realisierte kosmische Heilsvision wäre gleichbedeutend mit Exitus und Totenstarre." (ebd., S. 16)

Religionen wie die christlichen können als ganzheitliche Heilsvisionen verstanden werden. Sie haben aber nicht zum Exitus geführt, auch nicht zur Totenstarre. Das Problem liegt darin, dass Welsch nicht konkretisiert und differenziert. Ja, Nationalsozialismus und realisierter Sozialismus führen potenziell zum Exitus, aber nicht durchgängig. Russland und China befinden sich nicht in der Totenstarre. Sind nicht auch Demokratie und Menschenrechte mit einer Heilserwartung verbunden, und zwar das Leben der Menschen nachhaltig zu verbessern?

Und dann gibt es Textstellen bei Welsch, denen zu Anteilen zuzustimmen ist:

„Allerdings wäre es ein Missverständnis, wenn man meinte, die postmoderne Option für Vielheit gebe Einheit und Ganzheit einfach preis. Genauer besehen verhält es sich vielmehr so, dass sie Einheit in gewisser Weise wahrt – allerdings in einer Form, die paradox formuliert, nicht die der Einlösung, sondern der Offenhaltung ist." (ebd.)

Dies lässt sich etwas platt formulieren: Diese Einheit besteht nicht in der Umsetzung einer Utopie (der Endsieg der arischen Rasse), sondern in einem unabschließbaren Versuch, die Demokratie zu wahren und zu verteidigen. Diesen Versuch kennzeichnet jedoch bereits die Moderne und nicht erst die Postmoderne. Jedoch wurden im Schoß der Moderne totalitäre politische Utopien nicht nur kreiert, vielmehr wurde auch der militante Versuch unternommen, sie umzusetzen, koste es, was es wolle. Und genau das ist Gretchen-Frage: Wie ist es dazu gekommen? Eine Antwort, die bisher hierzu geliefert worden ist, besteht darin zu sagen, dass die Moderne unter dem romantisch inspirierten Motto steht „Alles ist möglich" und alles soll möglich sein in dem unendlichen Experimentierraum der Moderne.

In einem Vorwort zum „Merkur" zum Thema „Postmoderne – Eine Bilanz" (1998) ist zu lesen: „Man ertrug nicht mehr die Öde der heruntergekommenen Bauhaus-Traditionen, die im Westen ähnliche Zerstörungen der Städte hatte wie im Osten die sozialistische Ideologie, denn ihre Wurzel war eine gemeinsame: ein naiver Rationalismus." (ebd., ohne Seitenangabe) Das also habe zur Diskussion um die Postmoderne geführt. Mit „naivem Rationalismus" ist vermutlich gemeint, dass von zwei Denkmustern angenommen wird, sie würden den Weltenlauf bestimmen: historischer und dialektischer Materialismus. Und in der Tat ist dies mehr als naiv. Aber damit wird die Komplexität der Welt auf eine fast einzigartige Weise reduziert. Und das macht diesen Rationalismus so extrem attraktiv, gerade für Wissenschaftlerinnen und Wissenschaftler, die sich mit komplizierten Dingen beschäftigen müssen. So waren sehr viele nach 1968 an den Universitäten Tätigen marxgläubig, auch wenn die Massenmorde, die im Namen Marx etwa in Russland oder China verübt worden sind, schon längst bekannt waren.

Der Herausgeber dieses „Merkur", Bohrer, beginnt seinen Text mit einem Zitat von Walter Benjamin, mit dem dieser die Mentalität der Deutschen nach dem Ersten Weltkrieg zu umreißen versucht: „>Das europäischte aller Güter, ein mehr oder minder deutliche Ironie, mit der das Leben des einzelnen disparat dem Dasein jeder Gemeinschaft zu verlaufen beansprucht, in die er verschlagen ist, ist den Deutschen gänzlich abhanden gekommen.<" (ebd., S. 794) Dann wäre es ja so, dass die Niederlage im Ersten Weltkrieg aus den Deutschen ein Volk gemacht hätte, zu dem sich jeder bekennt, zu dem sich jede bekennen muss, wie selbstverständlich. Und Benjamin stellt wunderbar heraus, welche Funktion Ironie hat: Abstand zu jeder Form von Gemeinschaft. Zu ergänzen ist: lächelnder Abstand zu sich. Abstand zu sich und zu den anderen ist nur möglich mit einer hinreichenden Ich-Stärke. Der doppelte Abstand verlangt auch nach der Fähigkeit, sich von außen sehen zu können. Es ist die Lust, über sich und die anderen grinsen zu können. Grinsen bedeutet, sich auch in den Schwächen sehen zu können, ohne an diesen zu zerbrechen. Grinsen meint, sich und den anderen mit den Schwachpunkten letztlich zu akzeptieren, verzeihen zu können. Und Bohrer fasst Benjamin zusammen: „An die Stelle der Individualität seien Gemeinschaftskräfte im Sinne primitiver Gesellschaften getreten, die das deutsche Kollektiv im Kreise der europäischen Nationen als ein heterogenes isoliere." (ebd.) Benjamin beschreibt hier brillant den deutschen Weg zum deutschen Nationalsozialismus. Das Unironische ist zumindest ein wesentliches Element, eine zentrale Voraussetzung für die Entstehung des Nationalsozialismus. Nur mit reinem Ernst und felsenharter Überzeugung können Millionen Menschen umgebracht werden. Ironische Distanz würde dies unmöglich machen.

Im selben „Merkur"-Heft schreibt Früchtl:

„Beim Versuch, sich über das, was man die Moderne nennt, Klarheit zu verschaffen, scheint es philosophisch zunächst angemessen, als ihr Prinzip, mit Hegel und Heidegger, die Subjektivität herauszustellen. Heidegger nimmt dabei die Moderne aus der Perspektive von Descartes in den Blick. Die Epoche der industriellen Technik, Ökonomie und bürokratischen Verwaltung ist die Konsequenz einer denkerischen Einstellung, der jegliches Seiende als Objekt eines auf sichere und bemächtigende Erkenntnis, auf >Fest-stellung< ausgerichteten Subjekts gegenübertritt. >Subjektivität< meint hier die

Struktur der Verobjektivierung, aus der eine Selbstermächtigung des Subjekts resultiert, die durch Seinsvergessenheit, durch Vergessen desjenigen am Sein, das sich nicht vergegenständlichen lässt, erkauft wird, eine nicht bloß ambivalente, sondern dekadente Angelegenheit also." (ebd., S. 767).

„Dekadent": Dieses Adjektiv soll nicht maßlosen Luxus benennen, sondern die Anmaßung des Subjekts der Moderne, sich die Welt der Objekte untertan zu machen, untertan machen zu können. Der menschliche Verstand herrscht über die Dinge da draußen in vollkommener Asymmetrie. Dies macht die unermessliche Arroganz des modernen Menschen aus. Aber auf Hybris folgt ja bekanntlich die Nemesis. Mit der sind wir eben konfrontiert. Kolonialismus, Imperialismus, Sozialismus, Nationalsozialismus entspringen dem Geist diese Hybris. Jetzt, wo sie allesamt gescheitert sind, ziehen wir den Kopf ein und wollen von diesen Formen der Politik nichts mehr wissen. Zugleich sind wir überaus gekränkt. Aus narzisstischen Größenwahn erwuchs die Depression, gegen die es keine Medikamente gibt. Erneuerung der Moderne würde in diesem Zusammenhang bedeuten, demütiger zu werden, die Arroganz der Idee der vollständigen Unterwerfung der Dingwelt durch die Erkenntnis zu suspendieren.

„Differenzierter gestaltet sich das Prinzip bei Hegel. >Subjektivität< meint demnach die Struktur der Selbstbeziehung, der Reflexivität des erkennenden Subjekts. Das Ich, das >ich< sagt, trennt sich nach zwei Seiten, es sagt >Ich gleich Ich<. Seine Identität ist also ursprünglich eine Doppelung. Wenn ein Ich >ich< sagt, bezieht es sich als Subjekt zugleich auf sich selbst als Objekt. Diese reflexive Grundstruktur bestimmt zum einen das Konzept der Autonomie, und zwar im kritischen wie im moralischen Sinn, als Eigenständigkeit des Urteilens wie als Eigenverantwortlichkeit des Handelns, und sie bestimmt zum anderen das Konzept des Individualismus, nach dem sich die Eigentümlichkeit jedes einzelnen geltend machen kann. Das moderne Subjekt, wie es vor allem Hegel vorgestellt hat, will und muss als autonomes ebenso alles der eigenen Beurteilung unterwerfen wie die Verantwortung für sein Handeln übernehmen, und es will als individuelles seinen bis zum Eigensinn gesteigerten eigenen Sinn geltend machen." (ebd., S. 768).

Wenn das keine Programmatik der Moderne ist und vor allem ein Hohelied auf die Moderne. Es wird ein Subjekt vorgestellt, was ein Verhältnis zu sich gewinnt, zu sich gewinnen muss, das autonom ist, sein muss, was eigensinnig sein kann, sein muss, was moralische Verantwortung sich selbst gegenüber hat und haben muss. Dieses Subjekt hat in einer kollektivistischen Gesellschaft keinen Platz. Keine sogenannte Postmoderne sollte auf dieses Hohelied verzichten. Interessant ist, dass so gut wie keiner der Theoretiker der Moderne oder Postmoderne dieses moderne Subjekt zu würdigen weiß. Erneuerung der Moderne könnte dann darin bestehen, dieses Subjekt wieder angemessen zu würdigen.

Früchtl kennzeichnet zwei Lager: Da die Befürworter einer intakten Identität wie Hegel, Habermas, Kleist, Baudelaire, Beckett und Gegner von „das Zerbrechen von Identität, die Auflösung des Ich, der Verlust der Wahrheit und das Verschwinden der Wirklichkeit" (ebd.), dort die Kritiker: „sehen die Protagonisten der Postmoderne … in der Unversöhnlichkeit von Konflikten, im Auseinanderbrechen jeglicher Einheit nichts Negatives, ganz im Gegenteil, denn es bedeutet eine Steigerung der Vielfalt von Lebensformen und Optionen." (ebd.) Und wir ahnen, dass Früchtl dafür plädiert, beides zu sein und zuzulassen. Und er bezieht sich hierbei auf Hegel: „Hegel hat die Doppelung in der Einheit des Ich unter dem Begriff der Entzweiung und der Entfremdung analysiert. Das Ich findet sich selbst nur, indem es sich fremd wird; es wird eins mit sich, indem es sich von sich selbst entzweit." (ebd., S. 769) Hegel hier ins Spiel zu bringen, bedeutet, dass ein Begründer der Moderne, des modernen Subjekts dieses nicht als Monolith begriffen hat, nicht als unumstößliche Festung, sondern als etwas grundsätzlich Ausgesetztes und sich immer auch fremd Seiendes. Es bedarf nicht erst den Denkern der Postmoderne, um dies herauszustellen. In diesem Sinne war die Moderne schon immer postmodern. Zur Neuerfindung der Moderne meint demnach, sich zu erinnern, dass das Programm der Moderne nicht radikale Identität war und ist.

Die Argumentation Simmels geht in eine ähnliche Richtung wie die von Früchtl. In der Diskussion der Kantischen Ethik hebt er das Primat des Psychischen in der Moderne hervor:

> „In keiner anderen Ethik tritt so energisch wie in dieser haarscharfen Konsequenz die Betonung des innersten, tiefsten Motives der Handlung als ihres alleinigen und ausschließlichen Wertungsgrundes hervor … Man könnte sagen, dass das protestantische Prinzip mit seiner Betonung des Glaubens und der Gesinnung gegenüber der äußeren That in dieser Kantischen Theorie seinen höchsten künstlerischen Ausdruck gewonnen habe … Ein ungeheurer Stolz kommt hier zum Durchbruch, der alle Außenwerke der Persönlichkeit, alles bloße Thun als einen zweideutigen und deshalb unechten Schein von sich abweist und das Innerste allein, die letzte Motivierung, die nichts mehr auf ein Außer-sich abschieben kann, zum alleinigen Objekt macht, das überhaupt eine sittliche Beurtheilung verdient." (Simmel 1990, S. 39).

Die menschliche Psyche wird damit auf den Thron gehoben, die Motive des Menschen und sein Willen. Nur diese geben Auskunft darüber, ob eine Handlung ethisch war. Nur sie sind diesbezüglich zu befragen. Der Herausgeber des Bandes von Simmel-Texten und Nachwort-Autor, Jung, fasst dies so zusammen: „Das Wesen der Moderne: Psychologismus, Subjektivismus, Innerlichkeit." (ebd.,

S. 344) Die Psyche ist in der Moderne gleichsam eine absolute Herrscherin, die sich allem bemächtigen kann, sei es erkennend, sei es manipulierbar, sei es bezüglich von Handlungen, die ausschließlich von der Psyche veranlasst werden und ethisch zu bewerten sind.

Die Neuerfindung der Moderne müsste dann in diesem Kontext lauten, die Fahnen auf Halbmast zu setzen, sprich: die Psyche nicht entmachten, aber sie demütiger zu machen: Die Dingwelt ist ihr nicht untertan. Sie muss davon ausgehen, dass ihr in dieser Welt vieles entgeht, dass die Position der Herrscherin schnell sich ins Gegenteil verkehrt, in eine beispiellose Ohnmacht, in ein massives Ohnmachtsgefühl.

Bei der Thematisierung von Moderne und Postmoderne darf einer nicht fehlen, der zwar den Begriff der Postmoderne nicht erfunden hat, aber ihn populär gemacht hat, und der bereits bei Welsch erwähnt worden ist: Lyotard (vergleiche Lyotard 2019). Eine klare Trennung zwischen Moderne und Postmoderne sieht er unter einem bestimmten Gesichtspunkt nicht:

> „Im Gegenteil: die Postmoderne ist schon in der Moderne impliziert, da die Moderne – die moderne Temporalität – in sich einen Antrieb enthält, sich selbst in Hinblick auf einen von ihr unterschiedenen Zustand zu überschreiten. Und mehr als das: sich sogar in eine Art letzte Stabilität aufzulösen, nach der zum Beispiel das utopische Projekt strebt, aber ebenso das einfache politische Projekt, das in den großen Emanzipationserzählungen enthalten ist. Die Moderne geht konstitutiv und andauernd mit ihrer Postmoderne schwanger." (Lyotard 1988, S. 6).

Es wird ersichtlich, dass die Moderne die Paradiesesvorstellung in gewisser Weise nicht verabschiedet hat, nur dass es dieses Mal nicht der christliche Himmel ist, sondern etwa die klassenlose Gesellschaft. Aufschlussreich bei Lyotard ist, dass er hier nicht differenziert zwischen einer politischen Utopie, die im Terror geendet ist, und bürgerlichen Emanzipationsideen, die doch positiv zu bewerten sind.

Bislang wurde offensichtlich, dass in der Diskussion der Moderne / Postmoderne nie eine explizite Würdigung der Moderne auftaucht. Selbstredend hat sie mit dem „Alles ist möglich" Katastrophen erzeugt, aber eben nicht nur. Um dies zu wiederholen: Moderne gleich Demokratie, gleich Gewaltenteilung, gleich Menschenrechte, gleich historisch einmalig nutritiver Überfluss, gleich historisch einmalig soziale Sicherungssysteme wie zum Beispiel Krankenversicherung.

> „Die Postmoderne ist keine neue Epoche, sondern das Redigieren einiger Charakterzüge, die die Moderne für sich in Anspruch genommen hat, vor allem aber die Anmaßung, ihre Legitimation auf das Projekt zu gründen, die ganze Menschheit durch die Wissenschaft und die Technik zu emanzipieren." (ebd., S. 25) Dieses Zitat sollte nur

noch einmal veranschaulichen, welcher Blickverengung Lyotard unterliegt. Er reduziert die Moderne auf Wissenschaft und Technik. Sonst nichts. Und Wissenschaft und Technik sind ja schlimm. Oder?

In Lyotards Hauptwerk zur Postmoderne „Das postmoderne Wissen" (2019) geht er davon aus, dass die großen Meta-Erzählungen ihren Sinn verloren haben. Meta-Erzählungen sind für ihn „Dialektik des Geistes, die Hermeneutik des Sinns, die Emanzipation des vernünftigen oder arbeitenden Subjekts" (ebd., S. 23) Als Beispiel nennt er die Idee, dass vernünftige Menschen sich verständigen könnten und Übereinstimmung erzielen könnten (ebd., S. 24) Die narrative Funktion verliert ihre Funktoren, den großen Heroen, die große Gefahren, die großen Irrfahrten und das große Ziel. „Sie zerstreut sich in Wolken, die aus sprachlich-narrativen, aber auch denotativen, präskriptiven usw. Elementen bestehen …" (ebd.) Für diesen Änderungsprozess bietet Lyotard aber keine Erklärung an, vielleicht, weil das schon wieder ein Versuch gewesen wäre, eine Meta-Erzählung zu konstituieren. Aber neugierig bleiben wir trotzdem, warum und wie sich diese Änderung vollzogen hat. Und dann bezichtigt er diejenigen, die an den Meta-Erzählungen festhalten wollen, des Terrors:

„Die Entscheidungsträger versuchen dennoch, diese Wolken des Gesellschaftlichen mittels Input-Output-Matrizen im Gefolge einer Logik zu verwalten, die die Kommensurabilität der Elemente und die Determinierbarkeit des Ganzen impliziert. Unser Leben wird durch diese Entscheidungsträger der Vermehrung der Macht geweiht. Ihre Legitimation hinsichtlich sozialer Gerechtigkeit wie wissenschaftliche Wahrheit wäre die Optimierung der Leistungen des Systems, seine Effizienz. Die Anwendung dieses Kriteriums auf alle unsere Spiele geht nicht ohne weichen oder harten Terror vor sich: Wirkt mit, passt euch an oder verschwindet." (ebd., S. 25)

Die Vertreter der *einen* Wahrheit, der gelingenden Übereinkunft, sie sind totalitär und gewaltbereit. Sie exkommunizieren nicht nur die Anhänger der Spiele, sie sind bereit, sie zu töten. Das muss auch einmal gesagt werden. So entwirft Lyotard ein beeindruckendes Freund-Feind-Verhältnis und polarisiert immens, ohne zu sehen, dass eine Meta-Erzählung wie die Aufklärungsphilosophie nicht nur viele Differenzen und Facetten in sich tragen kann, sondern auch eine Art von Spiel sein kann, etwa bei Diderot, in dessen Texte immer ein ironischer Unterton zu bemerken ist. Die Drohungen des französischen Staates und der katholischen Kirche, seine Einkerkerung hat ihn nicht dazu veranlasst, selbst fundamentalistisch zu werden. Seine Erzählungen sprechen dieselbe Sprache. Ein Lyotard, der sich für das Spiel ausspricht, ist mit diesen Sätzen sehr unspielerisch. Er kreiert mit ihnen eine weitere Meta-Erzählung.

Die moderne Psychologie

Die moderne Psychologie, die im Folgenden vorgestellt wird, fällt nicht vom Himmel. Eben wurde klar, dass die große menschliche Psyche von den Philosophen in der Moderne kreiert worden ist. Die moderne Psychologie muss dann nur noch auf diesen Zug aufspringen.

Die genannten „Motoren" der Moderne haben zu dieser Seele ihren Teil beigetragen. Wenn sich nach Diderot die Menschen in den letzten 200 Jahren bewähren müssen, um soziale Anerkennung zu bekommen, dann müssen sie darüber nachdenken, wie sie sich in dieser Welt bewähren können, was sie dafür planen müssen, wie sie das mit ihrem Willen umsetzen können. Dieser Mensch hat also bereits eine beeindruckende Seele als Lenkerin des sich Bewährens. Nach Weber muss sich der moderne Mensch in Askese und Verzicht üben. Er braucht also sowohl ein starkes Über-Ich, in dem die gesellschaftlichen Gebote verinnerlicht sind, als auch ein starkes Ich, das die Triebe regulieren kann (Freud, siehe weiter unten). Im Sinne Webers ist also eine große Seele notwendig, um die Askese leben zu können. Der genießende Mensch im Sinne Jefferson muss seinen Verstand einsetzen, muss seine Sinne einsetzen, um etwa Lebensmittel anbauen, zubereiten und essen zu können. Er isst nicht irgendetwas, um sich abfüllen zu können, sondern ist wählerisch und innovativ. Die Konsumentinnen und Konsumenten im Sinne Sombarts müssen kundig durch die Straßen gehen, in die Läden gehen, um dort das Richtige zu kaufen. Auch sie sind wählerisch und gebildet.

Die Romantik schafft über Freundschaften die tiefe menschliche Seele. Sie fordert, dass die gesamte Gefühlsbreite durchschritten wird. Dazu gehören auch die negativen Gefühle. Sie schafft mit dem experimentellen Raum der Moderne.

Die Lehrbücher Psychologie: zwei Klassiker

Zunächst geht es im Folgenden um das Selbstverständnis der Psychologie. Eine Möglichkeit, dies herauszufinden, besteht darin, bekannte Lehrbücher zu rezipieren. Die ersten Seiten der beiden Bücher werden nun kritisch diskutiert, und es könnte der Eindruck entstehen, dass ihre Qualität angreifbar ist. Weiter unten jedoch wird ersichtlich werden, dass die Probleme der Lehrbücher vornehmlich aus dem *Wesen* der modernen Psychologie entstammen.

z. B. Myers „Psychologie" (2005).

Gleich zu Beginn des Buches unter der Überschrift „Wegweiser zur Benutzung des Lehrbuchs" (S. IX) wird eine Vorab-Definition von Psychologie gegeben:

> „Die Psychologie lehrt uns, die richtigen Fragen zu stellen und kritisch zu denken, wenn wir einander widersprechende Vorstellungen oder populärwissenschaftliche Behauptungen überprüfen. Die Psychologie vertieft unser Verständnis dafür, wie wir als Menschen wahrnehmen, denken, fühlen und handeln. Die Psychologie vermittelt Ihnen also weitaus mehr als effiziente Lernmethoden." (ebd.)

Das ist eine eigenartige Definition. Von Wissenschaft ist nicht die Rede. Warum lehrt uns die Psychologie, die „richtigen Fragen" zu stellen, und nicht die Chemie? *Die* Psychologie gibt es eigentlich nicht. Sie ist in gewisser Weise keine Einheitswissenschaft, sondern setzt sich zusammen aus ganz unterschiedlichen Psychologien, die sich grundsätzlich widersprechen – unauflösbar. „Kritisches Denken" wird die Gräben zwischen den psychologischen Schulen niemals überbrücken. Warum werden „widersprechende Vorstellungen" mit „populärwissenschaftlichem Behauptungen" in Verbindung gebracht? Und was ist letzteres? Wird hiermit indirekt formuliert, dass die Psychologie eindeutig eine Wissenschaft ist und

© Der/die Autor(en), exklusiv lizenziert durch Springer Fachmedien Wiesbaden GmbH, ein Teil von Springer Nature 2021
C. Klotter, *Die Psychologie als Verteidigerin der Moderne,*
essentials, https://doi.org/10.1007/978-3-658-33365-2_6

nicht populärwissenschaftlich? Warum „vertieft" die Psychologie nur unser „Verständnis"? Dann wird der Gegenstand der Psychologie vorgestellt: „wahrnehmen, denken, fühlen und handeln". Sie sei „weitaus mehr als effiziente Lernmethoden". Myers versucht hier zu betonen, dass sich die Psychologie in Lerntheorien nicht erschöpft. Aber warum taucht das Lernen im davor genannten Gegenstand der Psychologie nicht auf?

Die Leserin und der Leser dieser Zeilen müssen verwirrt sein. Sie und er wissen nun nicht besser, was Psychologie sein soll. Sie ahnen zumindest, dass Psychologie womöglich etwas Geheimnisvolles ist, eine Disziplin, die sich anteilig verbirgt und sich gerne in Andeutungen erschöpft. Sie ahnen auf jeden Fall, dass die Psychologie etwas Gutes ist: „richtige Fragen", „kritisch denken", gegen „populärwissenschaftliche Behauptungen", „Verständnis vertiefen", „weitaus mehr".

Aber die eben genannten kritischen Anmerkungen zu Myers Lehrbuch können durchaus voreilig und nicht angemessen sein, beziehen sie sich doch nur auf den Anfang dieses Werkes, das über 1000 Seiten zählt. Schauen wir also näher in dieses Opus Magnum rein.

> „Die Psychologie ist eine junge Wissenschaft, die sich aus der Philosophie und der Biologie heraus entwickelt hat. Der Deutsche Wilhelm Wundt war Philosoph und Physiologe. William James war amerikanischer Philosoph, der Russe Iwan Pawlow, ein Pionier der Lernpsychologie, war Physiologe. Der nicht unumstrittene Psychoanalytiker Sigmund Freud war Arzt in Österreich, und der Schweizer Jean Piaget mit seinen bahnbrechenden Beobachtungen an Kindern, war Biologe." (ebd., S. 7).

Warum hier dieses ausführliche Zitat – um auf eine vermeintliche Kleinigkeit hinzuweisen. Nur ein Begründer der Psychologie wird als „nicht unumstritten" bezeichnet, Freud, der mit seinen Patientinnen und Patienten sprach, Psychotherapie mit ihnen machte, also nicht wie Wundt oder Pawlow im Labor Experimente durchführte, also nicht naturwissenschaftlich nach Ursache-Wirkungsgefügen suchte, sondern der versuchte zu verstehen. Selbstredend war und ist ein Pawlow auch nicht unumstritten, aber er wird hier nicht so bezeichnet, weil er Naturwissenschaftler war. So schlussfolgern wir, dass Psychologie hier im Wesentlichen als naturwissenschaftliche Disziplin begriffen wird, alles andere ist dann eher umstritten.

Aber warum wird dieses wichtige Thema nur implizit abgehandelt, wo es doch für eine Disziplin extrem bedeutsam ist, wie sie wissenschaftlich vorgeht? Schon wieder sind wir mit etwas Geheimnisvollen konfrontiert, mit etwas Indirektem, Diffusen. Gehört dies etwa konstitutiv zur Psychologie?

Myers fasst zusammen:

> „In ihren Anfängen war die Psychologie eine >Wissenschaft vom geistigen Leben<, doch in den 20er Jahren des letzten Jahrhunderts wurde sie zu einer >Wissenschaft des beobachtbaren Verhaltens<. In den 60er Jahren wurde der Geist wieder neu entdeckt, und heute sieht sich die Psychologie als eine >Wissenschaft vom Verhalten und von den mentalen Prozessen<. Die Psychologie hat sich über die ganze Welt verbreitet: In 69 Ländern dieser Erde arbeiten, lehren und forschen Psychologen." (ebd., S. 10).

Die Psychologie hat also die Integration geschafft: vom Mentalen und Verhalten. Und sie ist auf dem Siegeszug in ganz vielen Ländern. Der Fortschritt rollt. Die Psychologie wird vermutlich gebraucht. Aber für was? Darüber klärt der Autor nicht auf.

Eigenartig ist es auch, dass eine Wissenschaft nur über ihre Gegenstände definiert wird, nicht aber über ihre wissenschaftliche Methode. Aber eine Wissenschaft ist nur eine Wissenschaft, wenn sie wissenschaftlich vorgeht und dieses Vorgehen vorstellt. Myers tut dies nicht.

„Wenn eine Theorie funktioniert, d. h. wenn die gewonnenen Daten die Vorhersage bestätigen, dann kann man sie gelten lassen." (ebd., S. 9) Genau das hat Popper mit seinem Kritischen Rationalismus mehr als triftig bestritten. Theorien und Hypothesen sind widerlegbar, falsifizierbar, und nicht verifizierbar (Klotter 2020). Und wer seine Wissenschaft nicht auf Wissenschaftstheorie aufbaut, macht keine gute Wissenschaft. Ein Beispiel für Falsifizierbarkeit: Die Hypothese, dass alle Schwäne weiß sind, lässt sich nicht verifizieren, da es unmöglich ist, alle Schwäne dieser Erde zu untersuchen. Aber die Hypothese ist falsifiziert, wenn ein schwarzer Schwan entdeckt worden ist. Schon wieder drängt sich der Verdacht auf, dass Psychologie, zumindest die, die Myers vorstellt, wissenschaftliche Standards tendenziell ignoriert. Und das kann sie ja, weil sie nur Gutes will und tut. Aber was ist das genau? Wir hoffen, dass wir das noch herausfinden.

Wissenschaftliche Standards ignorieren, wissenschaftliche Standards einfach nicht kennen – wir wissen es nicht, was bei Myers der Fall ist. Ersichtlich ist auf jeden Fall, dass wer von Verifizieren spricht, die Weiterentwicklungen der Wissenschaftstheorie nicht zur Kenntnis genommen hat. Der logische Positivismus wurde im sogenannten Wiener Kreis in den 30er Jahren des letzten Jahrhunderts in Abgrenzung zum naiven Positivismus eines Comtes entwickelt. Mit ihm wurde davon ausgegangen, dass die Theorie nicht in dem Gegenstand zu finden ist, sondern dass die Theorie in den Köpfen der Wissenschaftler und Wissenschaftlerinnen entsteht und an der Empirie überprüft werden kann, verifiziert werden kann. Der Kritische Rationalismus von Popper macht, wie gesagt, mit dieser Annahme Schluss. Theorien und daraus abgeleitete Hypothesen lassen sich nur falsifizieren. Damit verbunden ist ein radikaler Skeptizismus: Alle wissenschaftlichen Befunde gelten nur bis auf weiteres. Das, was heute als wahr gilt, ist es morgen nicht mehr (Klotter 2020). Vielleicht ist dies genau das, was ein Psychologe wie Myers nicht will, auf keinen Fall will: einen radikalen Skeptizismus. Genau damit ist eine gute und optimistische Wissenschaft wie die *liebe* Psychologie nur noch eingeschränkt möglich. Nichts ist mehr sicher.

Myers hätte sich aber ein bisschen von Popper trösten lassen können. Denn dieser ging trotzdem davon aus, dass mit dem Prinzip der Falsifizierung die Annäherung an die Wahrheit Schritt für Schritt möglich ist. Mit dieser Idee haben Foucault (1974) und Kuhn (1976) Schluss gemacht. Foucault beschreibt, dass es in der Neuzeit in Europa unterschiedliche Denksysteme gegeben hat. Eine Epoche entscheidet darüber, was als wahr und was als falsch zu gelten hat. Kuhn konzipiert die Wissenschaftsgeschichte nicht als Höherentwicklung, sondern als Wandel von einem Paradigma zum anderen. Damit wird die „Pappelallee des Fortschritts", die die Psychologie á la Myers für sich reklamiert, verlassen. Und so können wir vermuten, dass Myers von Popper, Foucault und Kuhn einfach nichts wissen wollte. Sie passen nicht in sein optimistisches Bild von der Psychologie, von seiner Psychologie.

Die Psychologie im Sinne Myers reproduziert damit den Fortschrittsglauben der Moderne. Und wer auf Fortschritt setzt, muss optimistisch sein und nicht alles so genau nehmen. Diese Art von Psychologie ist dann auch ein Katalysator, ein Transmissionsriemen der Moderne, des psychologischen Zeitalters (Simmel).

Ein anderes Lehrbuch der Psychologie von Zimbardo und Gerrig (2004).

Auf dem Umschlag ist eine lachende Frau zu sehen – mit einem Piercing am Kinn. Psychologie macht also lustig und ein bisschen verwegen: das Piercing. Es drückt die Eigenwilligkeit dieser Frau aus. Sie macht nur das, was sie will. Und wenn sich jemand am Piercing stößt, na und? Das kann ja nur ein Spießer sein, einer der nicht auf der Höhe der Zeit ist, einer, der Angst vom Neuen hat.

In einer Widmung von Gerrig ist zu lesen: „Für Phil Zimbardo, der als ausgezeichnetes Modell für die Psychologie und das Leben diente." Wir werden hellhörig: „diente", Tempus: Imperfekt. Ist der Gute denn schon tot? Aber nein! Beim Googeln von Zimbardo wird klar, dass er Anfang Juli 2020 noch lebt. Dann wird er voraussichtlich 2004 auch noch gelebt haben. Warum aber dann der Imperfekt? Eine Interpretation könnte lauten, dass es für Gerrig das Beste wäre, wenn Zimbardo bereits verstorben wäre. Dann wäre er alleiniger Herausgeber. Er wäre seinen bedeutend bekannteren Mitherausgeber einfach los.

Und für die Disziplin Psychologie könnten wir generalisierend schlussfolgern, dass sie auf Anerkennung und Mitmenschlichkeit setzt, dem Anschein nach, und im selben Atemzug bereit ist, jemanden in der Phantasie zu liquidieren.

Dann hätte der „nicht unumstrittene" Freud Recht: Der Mensch ist von einem Trieb-Dualismus bestimmt, vom Liebes- und Todestrieb. Davon will aber der mainstream der Psychologie in der Regel nichts wissen, weswegen Freud ein Randständiger in dieser Disziplin geblieben ist. Freud selbst würde dazu sagen: Im gewählten Imperfekt kündigt sich die Wiederkehr des Verdrängten an, das Verdrängte, das ist der mehr oder wenig unbewusste Wunsch Gerrigs, dass Zimbardo bereits das Zeitliche gesegnet hat.

Und wem widmet der Scheintote sein Werk?

„Für meine Familie, die mir immer tiefe Unterstützung für die Zeit und die Energie gegeben hat, die zum Schreiben dieses Buches notwendig war; für meine Kollegen, deren Vorstellungen, Forschung und Praxis mein Denken beeinflussten; und für meine Studierende, deren Enthusiasmus weiterhin meine Leidenschaft für Psychologie entfacht."

Ich lehre auch Psychologie, seit 1984. Enthusiastische Studierende habe ich noch nicht kennengelernt, interessierte, nachdenkliche ja, aber nicht enthusiastische. Und es stellt sich die Frage, ob diese Haltung dem Studium überhaupt zuträglich ist. Schließlich soll kritisch abgewogen werden. Mit dem Enthusiasmus fehlt die Distanz zum Gegenstand und zum eigenen methodischen Vorgehen, auf die jede Art von Wissenschaft nicht verzichten kann. Mit der von Zimbardo für sich reklamierten Leidenschaft verhält es sich nicht anders. So müssen wir entweder davon ausgehen, dass für Zimbardo die Psychologie eine Art Religion darstellt, oder wir müssen konstatieren, dass es sich bei dieser Widmung um einen zynischen Kommentar handelt: Seine Familie hat überhaupt nicht verstanden, warum er so ein Riesenwerk schreiben muss (fast 1000 Seiten), seine Kollegen sind einfach nur blöde und die Studierende können vergessen werden. Wie in der Widmung von Gerrig könnte Freudianisch interpretiert werden, dass Zimbardo von einer tiefen Ambivalenz durchdrungen ist: seine Familie zu lieben und zu hassen, etc.

Und er schreibt: „Studierende kommen in unsere Kurse mit einem überwiegend falschen Verständnis von Psychologie, das sie der Populärpsychologie in unserer Gesellschaft entnommen haben." (ebd., S. XXI) Ein wissenschaftlich orientierter Psychologe müsste eigentlich für diese These eine empirische Studie mitbringen, die Befunde dazu liefert, mit welchen Erwartungen Studierende dieses Fach wählen. Aber davon kann nicht die Rede sein. Die Autoren rekurrieren wie selbstverständlich auf ihre eigenen Erfahrungen. Das ist ohne Zweifel populärwissenschaftlich gedacht: das mitzuteilen, was man selbst erfahren hat. Und die Autoren erklären auch nicht, was für sie Populärpsychologie ist. Man weiß doch, was das ist. Oder? Also: Es wird eine Wissenschaft, die Psychologie, bejubelt, deren übliche Standards aber unterlaufen. Die beiden Autoren definieren Psychologie auf folgende Weise: „So gesehen definieren wir Psychologie formal als die wissenschaftliche Untersuchung des Verhaltens von Individuen und ihren mentalen Prozessen." (ebd., S. 3) Diese Definition ist vergleichbar mit der von Myers. Aber Verhalten wird noch näher definiert: „Verhalten ist das Mittel, durch welches sich der Organismus an die Umwelt anpasst." (ebd.) Nun ist das eine ethologische Definition. Der Mensch passt sich seiner Umwelt an, der Wolf auch, nicht minder die Ratte. Dass jedoch der Mensch die Anpassung überwindet und seine Umwelt gestaltet und verändert, wird vergessen. Die Autoren begründen nicht einmal, warum sie diesbezüglich den Menschen mit dem Wolf, mit der Ratte gleichstellen. Es erscheint ihnen selbstverständlich zu sein. Und sie wagen zu schreiben: „Um die Einzigartigkeit und Einheitlichkeit der Psychologie wertzuschätzen …" (ebd.) Es wäre doch schön gewesen, wenn sie erklärt hätten, was an der Psychologie einzigartig ist. Und dass die Psychologie einheitlich ist, das zumindest könnte ein guter Witz sein. Denn heterogener kann eine (eine?) Disziplin kaum sein.

Wir brauchen hier nur einen kurzen Blick darauf zu werfen, was später ausführlicher hier vorgestellt wird: die unterschiedlichen Beratungs- und Psychotherapiemethoden. Der Physiologe, Pawlow, entdeckte per Zufall im Labor das klassische Konditionieren. Daraus wurden verhaltenstherapeutische Techniken abgeleitet. Der Begründer der Psychoanalyse, Freud, sprach mit seinen Patientinnen und Patienten und leitete daraus seine Theorie und Behandlungsmethode ab. Der Begründer, der wissenschaftlichen Gesprächspsychotherapie, Rogers, sprach ebenfalls mit seinen Klienten und erforschte seine Methode mit statistischen Korrelationsstudien. Die Menschenbilder waren gänzlich unterschiedlich. Von Einheitlichkeit zu sprechen, ist also nicht nur ein Witz, es ist vollkommen ungerechtfertigt.

Mit beiden Lehrbüchern wird implizit nahegelegt, dass Psychologie eine Grundlagenwissenschaft ist, aus der eventuell praktische Anwendungen abgeleitet werden können. Aber das scheint in beiden Lehrbüchern primär nicht intendiert zu sein, sondern scheint eher ein Nebeneffekt zu sein. Die These des vorliegenden Buches lautet dagegen, dass die Psychologie in den letzten beiden Jahrhunderten entstanden ist, um Menschen auf unterschiedliche Weise optimieren zu können, damit sie nützliche Elemente der Gesellschaft bleiben oder wieder werden. Um ein wenig zurückzugreifen, soll dies mit den Worten des französischen Aufklärers, Diderot, veranschaulicht werden:

„Doch die Zeit lüftet den Schleier; jeder wird dann nach seinem Verdienst beurteilt. Man unterscheidet den nachlässigen Mitarbeiter von dem redlichen, der seine Pflicht erfüllt hat. Das, was einige vollbracht haben, zeigt deutlich, was man mit Recht von allen fordern durfte; die Öffentlichkeit nennt diejenigen, mit denen sie unzufrieden ist, & bedauert, dass sie der Bedeutung des Unternehmens & der Wahl, durch die man sie geehrt hatte, so wenig entsprochen haben." (Diderot 2001, S. 151).

Das bedeutet, wir müssen uns alle bewähren, um sozial anerkannt zu sein, wir müssen nützlich für unsere Gesellschaft sein. Und wer dieses eventuell nicht oder nur eingeschränkt kann, muss zum Beispiel Psychotherapie in Anspruch nehmen.

Und die mit den beiden Lehrbüchern belegte optimistische Ausrichtung der Psychologie lässt sich ebenfalls mit Diderots Aufklärungsphilosophie in Zusammenhang bringen, die er in der Wikipedia des 18. Jahrhundert, der Enzyklopädie, ausformuliert hat. Die Psychologie erscheint so als Kind dieser Philosophie.

„Tatsächlich zielt eine Enzyklopädie darauf ab, die auf der Erdoberfläche verstreuten Kenntnisse zu sammeln, das allgemeine System dieser Kenntnisse den Menschen darzulegen, mit denen wir zusammen leben, & es den nach uns kommenden Menschen zu überliefern, damit die Arbeit der vergangenen Jahrhunderte nicht nutzlos für die kommenden Jahrhunderte gewesen sei; damit unsere Enkeln nicht nur gebildeter, sondern gleichzeitig auch tugendhafter & glücklicher werden, & damit wir nicht sterben, ohne uns um die Menschheit verdient gemacht zu haben." (Diderot 2001, S. 134).

Also: Alles wird besser, auch mit und wegen der Psychologie. Heute ist von diesem Denken in unserer Gesellschaft wenig übriggeblieben – außer der so optimistischen Psychologie.

Und wir müssen uns vielleicht eingestehen, dass wir beides sind: ein naiver Optimist wie Diderot, also ein eine angeblich gute und optimistische Disziplin wie die Psychologie Liebender wie Myers, Zimbardo und Gerrig, und zugleich ein Mensch, der immer mehr der Skepsis verfällt. Und wir sind beides. Es wird darauf noch zurückgekommen.

Geschichte der Psychologie
– Geschichte der Psychologie?

Die Frage, die nun ansatzweise geklärt werden soll, ist die, wie in diesen Lehrbüchern die Geschichte der Psychologie vor der Moderne skizziert wird. Um es vorausgreifend zusammenzufassen, die Seele des Menschen wird als historische Invariante begriffen. Sie ändert sich nicht, sie wird nur unterschiedlich erforscht. Damit wird klargestellt: Die jeweilige Kultur beeinflusst nicht die unterschiedlichen Seelenvorstellungen. Und: Aus unterschiedlichen Kulturen gehen nicht unterschiedliche Psychen hervor. Mit dem impliziten Konzept der historisch invarianten Psyche kann in keiner Weise das erkannt werden, was Simmel versucht hat, in Worte zu fassen, dass das Wesen der Moderne ihr Psychologismus und Subjektivismus ist. Dann kann nicht verstanden werden, dass die moderne Psychologie ein Katalysator der Moderne ist. Dann können wir unsere Zeit, ob als Moderne oder Postmoderne begriffen, nicht reflektieren. Wir können nicht darüber nachdenken, ob der Mensch die Wucht und Gewalt der großen Seele (Simmel) überhaupt tragen kann, ob die potenziell depressive Seele unserer Zeit, die die Errungenschaften der Moderne in keiner Weise zu würdigen weiß, nicht auch aus ihrer Überforderung entsteht. Wir sind dann auch nicht in der Lage, die Moderne bezüglich der Seelenkonstruktion neu zu erfinden.

„Nach dieser ersten Blütezeit einer vorwissenschaftlichen Psychologie im antiken Griechenland brachten die folgenden 2000 Jahre keine größeren Einsichten in die menschliche Natur." (Myers 2005, S. 4) Jüttemann, Sonntag, Wulf (1991) sind da grundlegend anderer Ansicht und zeichnen eine Geschichte der Seele im Abendland nach. Ersichtlich wird eine Vielzahl an Seelenkonzepten (siehe weiter unten), die selbstredend etwas mit ihrer Epoche zu tun haben. Weltverständnis und Seelenverständnis korrespondieren. Es geht also keineswegs nur um die „menschliche Natur" (Myers), sondern um die kulturspezifische Konstruktion der Psyche

C. Klotter, *Die Psychologie als Verteidigerin der Moderne,*
essentials, https://doi.org/10.1007/978-3-658-33365-2_7

und um die kulturspezifische Produktion von bestimmten Seelen. Simmel folgend, hätte die Moderne die *große* gleichsam allmächtige Seele mit produziert.

Immerhin erwähnt Myers Augustinus, jedoch nicht als Wissender, sondern als Fragender und zitiert ihn: „>Jetzt widme ich mich nicht der Untersuchung der Größe des Himmels ... Ich erforsche mich selbst, meinen Geist und mein Gedächtnis<" (ebd., S. 4). Das, was Augustinus hier beschreibt, ist eine halbe Revolution: der Zuwendung des Menschen zu sich selbst, des Versuchs, sich zu verstehen – nur eine *halbe* Revolution, weil bereits in der Früh-Antike dieser Versuch unternommen worden ist (Foucault 1993). Myers versteht nur unzureichend diese halbe Revolution. Sie fundiert uns als reflexive Wesen. Aber ein gestandener Psychologe will ja davon nichts wissen, dass sich die Psyche des Menschen im Wandel der Zeit ändert und dass dies mit einem kulturellen Wandel zu tun hat. Der gestandene Psychologe will nur davon ausgehen, dass sich die Philosophie oder die Wissenschaft im Laufe der Jahrhunderte geändert haben, aber der Mensch und seine Psyche immer gleichgeblieben sind.

Myers referiert dann noch ein wenig über Descartes, Bacon und Locke als Wegbereiter der Wissenschaft im Allgemeinen und der Psychologie insbesondere (ebd., S. 4 f.). Aber Descartes bahnbrechender Satz „Cogito ergo sum" (Ich denke, also bin ich) ist ihm die Rede nicht wert. Dabei ist diese Aussage die zentrale Antwort auf die kopernikanische Wende. Mit ihr ist die Erde nicht mehr Mittelpunkt der Welt, auf die Gott gütig schaut. Mit dieser Wende werden Menschen im Selbstverständnis zu unbedeutenden Staubkörnern. Ich denke, also bin ich, ist hingegen die Etablierung eines neuen Zentrums: des denkenden Ichs. Dieses denkende Ich ersetzt Gott. Und damit beginnt vermutlich die Zeit des „Psychologismus, Subjektivismus, Innerlichkeit" (Jung über Simmel).

Zimbardo und Gerrig (2004) beschränken sich im Wesentlichen im historischen Abriss auf die Geschichte der Psychologie in den letzten 200 Jahren und nennen die bekannten Namen wie Ebbinghaus, Wundt, James (S. 10). Und sie konzedieren, dass bestimmte Richtungen der Psychologie durchaus einen praktischen Nutzen vor Augen hatten: „Der Funktionalismus legte besonderes Augenmerk auf erlernte Gewohnheiten, die den Organismus in die Lage versetzen, sich an seine Umwelt anzupassen und effektiv zu funktionieren." (S. 12) Endlich ist es raus: Die Psychologie wurde auch entwickelt, damit Menschen effektiv funktionieren. Aber die beiden Autoren beschreiben nicht die Epoche, nicht den gesellschaftlich-kulturellen Hintergrund, in der dies wichtig wurde. Mit dem vorliegenden Werk wird eben dieser Versuch unternommen.

Exkurs: Die moderne Psychologie und Descartes/Kant

Die eben angedeutete große (allzu große?) Psyche der Moderne soll nun näher vorgestellt werden.

Schnädelbach schreibt zu Descartes (zitiert nach Schmidt 1995, S. 16): „Die cartesianische Reflexion … orientiert sich nicht primär am Ideal intersubjektiven vernünftigen Verständigtsein, sondern am Ziel individueller Gewissheit von Wahrheit und Vernünftigkeit, das zugleich der Ort individueller Autonomieerfahrung sein soll." Der Einzelne ist für Descartes ein Monolith, eine abgeschlossene Wesenheit. Er orientiert sich dabei am klassischen Gottesbild. Der Einzelne ist dann nicht ein zoon politicon (Aristoteles), ein Wesen in der Gemeinschaft, sondern zuerst allein, mit der Gewissheit, die reine Wahrheit erreichen zu können. Die kopernikanische Wende muss so kränkend gewesen sein, dass Descartes dies kompensieren wollte mit der Idee eines gottähnlichen Menschen.

Und wir können erkennen, dass die Konzeption der menschlichen Seele prinzipiell zumindest zu Anteilen kulturabhängig ist, weil sie zum Beispiel in einer bestimmten Kultur eine bestimmte Funktion erfüllt, bei Descartes etwa die der Kompensation der immensen Kränkung durch die kopernikanische Wende.

Ein nicht allzu großer Bogen kann nun von Descartes zu Kant gespannt werden. Zu Beginn seines Beitrags „Beantwortung der Frage: Was ist Aufklärung? aus dem Jahr 1783 (1974) schreibt er:

„Aufklärung ist der Ausgang des Menschen aus seiner selbstverschuldeten Unmündigkeit. Unmündigkeit ist das Unvermögen, sich seines Verstandes ohne Leitung eines anderen zu bedienen. Selbstverschuldet ist diese Unmündigkeit, wenn die Ursache derselben nicht am Mangel des Verstandes, sondern der Entschließung und des Mutes liegt, sich seiner ohne Leitung eines anderen zu bedienen. Sapere aude! Habe Mut, dich deines eigenen Verstandes zu bedienen! ist also der Wahlspruch der Aufklärung." (S. 9)

Descartes schreibt dem individuellen Verstand die Fähigkeit zu, die Wahrheit zu ergründen. Kant fordert, dass Menschen nicht das nachplappern sollen, was andere davor gesagt haben, sondern dass jeder Mensch sich seines Verstandes bedienen soll, eines vollkommen unabhängigen Verstandes jenseits von Tradition und Autorität Jeder mündige Mensch hört nicht mehr auf den Priester, den Philosophen. So hat Kant den individuellen Verstand auf den Thron gesetzt. Jeder Mensch hat so seinen eigenen Thron. Die Epoche der Individualisierung, der Selbstverwirklichung und menschlichen Einzigartigkeit ist so eingeleitet, weil jeder und jede einzigartig denken kann, einzigartig denken muss.

Und im Grunde wird damit die Epoche der Psychologie eröffnet. Die Frage wird auf einmal spannend, wie der menschliche Geist funktioniert und wie er zu optimieren ist. Und es wird davon ausgegangen, dass er zu optimieren ist. Das ist die implizite Annahme, die in den beiden Lehrbüchern auftaucht. Der menschliche Geist ist wissenschaftlich zu ergründen und zu verbessern. Das macht den sanften Optimismus der Lehrbücher aus. Und mit Kant hat dieses Kapitel in der Menschheitsgeschichte begonnen: unabhängig zu denken, besser zu denken. Und dieses denkende Individuum darf nicht der Willkür des Staates ausgesetzt sein. Die Unantastbarkeit der Menschenwürde ist gleichsam die logische Konsequenz hieraus. Und der Mensch, der den Mut hat, sich seines Verstandes zu bedienen, ist selbstbewusst und stolz auf sich.

Aber in diesem kurzen Text zur Aufklärung weist Kant auch darauf hin, dass der Mensch zwar eigenständig denken kann, aber seinen bürgerlichen Pflichten muss er nachkommen. Wir können das übersetzen: Er muss arbeiten, er muss den Gesetzen folgen. Ohne Wenn und Aber!

Der freie Verstand, so eine mögliche Interpretation, erfüllt damit eine Funktion: Er dient dem Menschen dazu, seinen bürgerlichen Pflichten besser nachzukommen. Und die Zukunft hat eben erst begonnen: die Zukunft des besseren Lebens. Und dies ist ein unabschließbarer Prozess. Der Fortschritt rollt und rollt. Eben auch mit den Mitteln der Psychologie. Sie ist einer der wesentlichen Motoren des Fortschritts. So sieht sie sich selbst. So lesen sich die beiden Lehrbücher. So ist die Psychologie ein uneheliches Kind der Aufklärungsphilosophie. Sie muss ihre Wissenschaftlichkeit betonen, um ihre Herkunft zu verbergen.

Und der Glaube an den Fortschritt ist ja nicht reine Fiktion; um dies nochmals zu bündeln:

- Zum Beispiel: Die Technisierung und Industrialisierung der Lebensmittelproduktion und eine Verbesserung der Hygiene haben dazu geführt, dass sich in Europa seit 200 Jahren fast alle ausreichend ernähren können. Dies hat zur Folge, dass sich die Lebenserwartung verdoppelt hat. Ausreichende Ernährung und bessere Hygiene bedeuten, dass die Infektionserkrankungen nahezu ausgestorben sind. In der Menschheitsgeschichte ist eine mit Lebensmitteln ausreichend versorgte Bevölkerung etwas Einmaliges (McKeown 1982). Wir leben im Schlaraffenland.
- Zum Beispiel: Lebensmittelvielfalt. Vor 200 Jahren aßen die Deutschen Brot oder Brei oder Kartoffeln, und wenn es gut ging, dazu ein bisschen Gemüse. Und wenn es sehr gut ging, am Sonntag den Sonntagbraten. Heute dagegen gibt es eine unübersehbare Vielfalt an Lebensmitteln, die weltweit importiert werden.

- Zum Beispiel: Mobilität. Der Bauer, die Bäuerin vor 200 Jahren hatten in ihrem gesamten kurzen Leben einen Bewegungsradius von paar Kilometern. Heute ist die Reise nach Mallorca für die meisten eine Selbstverständlichkeit.
- Zum Beispiel Bildung: Durch die allgemeine Schulpflicht haben alle Menschen die Chance, lesen, schreiben und rechnen zu lernen. In unserer Bildungsgesellschaft haben sie die Pflicht und die Chance, ihre Talente umzusetzen und sich selbst zu verwirklichen.
- Zum Beispiel: Ein Denis Diderot musste wegen der Herausgabe der Enzyklopädie um sein Leben fürchten. Und er wurde deshalb auch ins Gefängnis gesteckt. Damals reichte es aus, einen vom Staat unerwünschten Text zu schreiben, um hingerichtet zu werden. Heute herrscht in Deutschland Meinungsfreiheit, Werte wie die Unantastbarkeit der Menschenwürde gelten, niemand kann willkürlich verhaftet werden. Auch ein Kant hatte noch Angst, nicht mehr publizieren zu dürfen.
- Zum Beispiel: Soziale Sicherungssysteme: In Deutschland gibt es Arbeitslosengeld, Krankenversicherung, Rente. Für einen Menschen aus dem 18. Jahrhundert war dies nicht einmal denkbar. Er hätte mit unserer Zeit die Vorstellung des Paradieses verbunden. Natürlich auch, weil er genug zu essen hatte, um dies vorsichtig zu formulieren.
- Zum Beispiel: Auf deutschem Boden gibt es seit Jahrzehnten keinen Krieg mehr. In der Menschheitsgeschichte ist das nicht so oft passiert. Es ist eigentlich unfassbar, dass dies so ist.

Die Psychologie ist Teil dieser modernen Welt. Die später ausführlicher vorgestellten psychologischen Schulen, Lerntheorien/Verhaltenstherapie, Psychoanalyse, humanistische Ansätze/wissenschaftliche Gesprächspsychotherapie fördern den gesellschaftlichen Fortschritt und das darin lebende Individuum auf unterschiedliche Weise. Mit der Verhaltenstherapie kann unerwünschtes Verhalten abgeschafft werden. Das Ziel der Psychoanalyse als Psychotherapie ist die Verbesserung der Arbeits- und Liebesfähigkeit. Rogers Gesprächspsychotherapie begleitet den Menschen auf dem Weg zur Selbstverwirklichung.

Noch etwas andere hat die Psychologie von Kant indirekt geerbt: den Fokus auf Geistiges, etwa auf den Verstand. Überwiegend wird der Mensch von der modernen Psychologie als ein geistiges Wesen begriffen. Die Psychologie untersucht zwar den Körper, aber im Wesentlichen nur, um mentale Prozesse zu erforschen. Der Mensch wird also zuallererst als Seele und nicht als Körper begriffen. Deshalb sagte schon Descartes: Ich denke, also bin ich. Es wäre ja auch möglich zu sagen: Ich bin Körper, deshalb bin ich. Auch für Kant waren

Gefühle und körperliche Leidenschaften eher Risikofaktoren für ein vernunft-bestimmtes Leben. So sieht es auch die moderne klinische Psychologie, die die mangelnde Kontrolle körperlicher Impulse als pathologisch begreift und der Borderline-Persönlichkeitsstörung zuordnet.

Um zu verstehen, was die moderne Psychologie von Kant übernommen hat, soll nun ein Biograph Kants, Vorländer (1924, 1992) ausführlicher zitiert werden:

> „Gegenüber den > rauschenden Freuden < und dem > Getümmel der Geschäfte und Zer-streuungen <, in denen die meisten Menschen ihr Glück suchen, preist er die > ruhige Heiterkeit der Seele <, der nichts Menschliches unerwartet kommt, die > sanfte Schwermut <, die in einsamer Stille …" (S. 89)

Nicht der Illusion folgen, dass körperliche Lüste das menschliche Glück ausma-chen, das ist das, was Kant uns sagen will. Der Verzicht auf körperliche Genüsse macht vielleicht schwermütig, aber die Seele wird so heiter – durch Weltabkehr.

> „Wahre Mannhaftigkeit zeigt sich jedoch nicht bloß in der Behauptung der eigenen Menschenwürde gegen andere, sondern vor allem auch in der Beherrschung der eige-nen Leidenschaften. Tugend bedeutet moralische Gesinnung im Kampfe, moralische Stärke in Befolgung seiner Pflicht." (ebd., S. 304)

Und Kant greift eine Haupttugend des Abendlandes auf: die der Mäßigung aller körperlichen Gelüste (ebd.). „Wie viel auf die Kraft des Willens für die Gesund-heit des eigenen Körpers zukommt, hat Kant nicht bloß an seiner eigenen Person …" (ebd.) Der Mensch ist also im Wesentlichen Verstand und Wille, und vom Willen, von der Willensstärke, hängt es ab, wie sehr die Gesundheit erhalten bleibt. Diejenigen, die den sogenannten inneren Schweinehund nicht überwinden können, werden krank. So wird heute auch noch gedacht. So wird den Adipösen unterstellt, dass sie disziplinlos und willensschwach sind.

Der „nicht unumstrittene" Freud hätte über folgende Begebenheit, die in Vorländers Buch über Kant Eingang findet, durchaus geschmunzelt:

> „Noch trauriger ist es Kants Wohnhaus ergangen. Schon Jachmann hat sein verwun-dertes Bedauern darüber ausgesprochen, dass > sich kein Patriot gefunden hat, der das Haus, in welchem der Weise wohnte … gekauft hat. Es ist zu einem Gasthaus bestimmt worden, wo ein Billard und eine Kegelbahn angelegt ist < " (ebd., S. 343).

Freud würde auch in diesem Zusammenhang von der Wiederkehr des Verdrängten sprechen. Die billigen Vergnügungen, die Kant entschieden ablehnte, kehrten in sein Haus zurück. Ironie des Schicksals!

So müsste sich auch die moderne Psychologie die Frage stellen, ob sie anteilig leibfeindlich ist, weil es ihr ja fast nur um Mentales und Verhalten geht. Wäre dem so, so müsste die Frage erlaubt sein, welche potenziellen Effekte diese körperlos konzipierte Seele zeitigt.

Psychologische Schulen

Jetzt wird zu schauen sein, wie die Kultur der Moderne die moderne Psychologie und damit auch das Bild beziehungsweise die Bilder der modernen Seele mit produziert. Die unterschiedlichen Psychologien haben hierbei unterschiedliche Funktionen in unserer Gesellschaft. Klar ist, dass sie auf keinen Fall nur wissenschaftliche Grundlagenforschung, sondern von Anfang an anwendungsbezogen sind, um auf unterschiedliche Weisen, den Menschen zu einem nützlichen Teil der Gesellschaft zu machen.

Die zu guten Anteilen aus den Lerntheorien abgeleitete Verhaltenstherapie hat ein schlichtes Ziel, unerwünschtes Verhalten abzuschaffen. Sie soll also dazu dienen, den Machbarkeitsmythos der Moderne tatsächlich umzusetzen: „Wenn Du ein Problem hast, dann kannst Du dies auch ändern!" Und: „Alles ist möglich, wenn Du das willst!" Sie setzt darauf, dass der Mensch lernfähig ist. Sie ist damit verbunden mit einer liberalen Bildungsgesellschaft, die auf Veränderung und Fortschritt setzt. Die Psychoanalyse eröffnet die Innenschau, die Erkundung des eigenen psychischen Raumes, um dann ganz in der Tradition der Romantik eine enge und tiefe Beziehung zu dem anderen aufbauen zu können. Sie schafft eine große Seele, auf die wir letztlich sehr stolz sein können. Die Psychoanalyse trotzt aber auch der Romantik, weil sie das Unbewusste erkunden will, es aber nicht leben will. Sie verbietet gleichsam das „Alles ist möglich". Die humanistischen Ansätze sind bedeutende Kinder der Moderne, indem sie dem modernen Streben nach Individualisierung ein psychologisches Format geben: Der Mensch strebt von Natur aus nach Selbstverwirklichung. Auch wenn Watzlawick et al. davon ausgehen, dass Systeme prinzipiell änderungsresistent sind, so haben sie doch Therapieformen wie die Familientherapie entwickelt, mit denen Systeme modifiziert werden können. Also auch bei ihnen leuchtet der Hoffnungsschimmer.

C. Klotter, *Die Psychologie als Verteidigerin der Moderne,* essentials, https://doi.org/10.1007/978-3-658-33365-2_8

Naturwissenschaftliche Psychologie und Moderne

Bevor auf die diversen Hoffnungsschimmer ein bisschen näher eingegangen wird, soll die Funktionsweise der modernen Psychologie näher beleuchtet werden, insbesondere ihre Heterogenität sowie ihre Wirkungen auf das Denken und Erleben ihrer Rezipienten.

Die seit ca. 150 Jahren dominierende wissenschaftliche Psychologie will das Erleben und Verhalten der Menschen naturwissenschaftlich untersuchen, versteht sich also als *ein* Modell, aber zerfällt in zahllose Aspekte: Kognitionen, Emotionen, Motivation, etc. und stellt dazu ebenso zahllose unterschiedliche theoretische Ansätze vor.

Hierzu das Beispiel unterschiedlicher Stresstheorien: Auf Stress kann eine Flucht- oder Kampfhandlung folgen (Cannon). Dann kann physischer Stress ein allgemeines Anpassungssyndrom auslösen (Selye). Dann können Stressoren und die eigenen Anpassungsbemühungen kognitiv bewertet werden (Lazarus). Dann erscheint Stress als unausweichlich zum Leben gehörend; wenn er aber verstehbar und handhabbar ist und Sinn macht, dann kann ihm gut begegnet werden (Antonovsky). Das ist nur ein kleiner Ausschnitt aus der Vielzahl an Stresstheorien. Er sollte veranschaulichen, dass ein Aspekt des menschlichen Erlebens und Verhaltens – die Reaktion auf Stressoren – zu zahlreichen Theorien einlädt, die sich jedoch alle, außer Antonovsky, der naturwissenschaftlichen Psychologie verpflichtet fühlen.

Damit soll auch klarwerden, dass ich in Kenntnis einer oder mehrerer dieser Theorien mein Erleben strukturieren kann. Mit Cannon ziehe ich eventuell in den Krieg. Mit Selye muss ich davon ausgehen, dass ein Stressor wie Eiseskälte meine Kräfte übersteigen kann und ich potenziell daran sterben kann. Mit Lazarus wird mir klar, dass ich Stressoren bewerte, dass ich also darauf Einfluss nehme, nehmen kann, ob ein Stressor gefährlich oder nicht gefährlich ist. Mit Antonovsky fällt mir auf, dass Stress zum Leben unausweichlich dazu gehört. Die unterschiedlichen Theorien können so meine Psyche beeinflussen und mein Erleben, aber auch mein Verhalten ändern. Ich konstruiere auf unterschiedliche Weise mich und die Welt mit diversen Stresstheorien.

Stresstheorien fallen nicht vom Himmel. Sie gehören zu einer Epoche, die, wie mehrfach schon erwähnt, Max Weber (1993) als „stahlhartes Gehäuse" der Moderne beschrieben hat. Wir sind seiner Meinung nach von Pflichten und Zwängen umstellt. Sombart wird Weber ergänzen: Pflichten und Zwänge fallen nicht vom Himmel, sondern sie werden vom modernen Menschen mitgeschaffen (siehe weiter oben). Wie auch immer: Stress ist so ein gesellschaftlich hervorgebrachtes Thema. Mit den Stresstheorien thematisieren wir als der Moderne

Zugehörige das stahlharte Gehäuse – in einer etwas merkwürdigen Weise, da wir zum Beispiel uns nicht die Frage stellen, ob Weber oder Sombart eher Recht hat. Vielmehr wird das soziologische und kulturwissenschaftliche Phänomen Stress psychologisiert. Offenbar wollen wir den gesellschaftlichen Ursprung von Stress nicht zur Kenntnis nehmen. Wir wollen nicht wissen, dass wir ihn mitgeschaffen haben (Sombart). Wir wollen nicht wissen, dass eine Religion den Stress mithervorgebracht hat (Weber).

Jetzt wird ersichtlich, wie *nützlich* eine Wissenschaft wie die Psychologie sein kann. Sie verwandelt ein gesellschaftliches Phänomen in einen naturwissenschaftlichen Tatbestand, in etwas Objektives, uns Gegenüberstehendes, für das wir gar nichts können. Die Psychologie entlastet uns so von gesellschaftlicher Verantwortung. Stress wird dann erlebt wie ein Teil der Natur, zu der der Blitzschlag ja dazu gehört.

Am Beispiel des Themas Stress wird deutlich, dass eine Kultur, eine bestimmte Gesellschaft, Themen produziert, die in psychologische Theorien verpackt werden können, die wiederum Auswirkungen auf die individuelle Seele haben können. Zugleich wird damit deutlich, dass die Stresstheorien auf eine psychische Empfänglichkeit stoßen, weil wir uns heute mehr oder weniger alle irgendwie *gestresst* fühlen. Und dieses diffuse Gefühl zu haben und es dem Umfeld mitzuteilen, ist eminent wichtig, weil das Stressgefühl als Indikator dafür wahrgenommen wird, dass jemand richtig arbeitet, richtig rödelt, ob im Beruf, mit den Kindern, im Ehrenamt, etc. Das Stressgefühl ist ein Indikator dafür, ob wir uns bewähren (Diderot, siehe weiter oben).

Die naturwissenschaftliche Psychologie ist ein Kind des 19. Jahrhunderts, also selbst ein historisches Ereignis. Sie hatte den Anspruch, beobachtbares und messbares Erleben und Verhalten zu untersuchen. Sie grenzte sich damit ab von dem für sie quasi metaphysischen Begriff der Seele; und der Methode der Introspektion, der Innenschau. Das Erleben und Verhalten wurde, wie eben erwähnt, untergliedert etwa in Kognitionen, Emotionen, Motivation etc.

Die naturwissenschaftliche Psychologie, weiter oben vorgestellt über die beiden Lehrbücher, versteht sich zunächst als empirische Forschung mit den entsprechenden Befunden. Zugleich bietet sie sich für die Anwendung an. Sie möchte, wie erwähnt, nützlich sein – auf den unterschiedlichsten Feldern. Und damit wird also ersichtlich, dass die naturwissenschaftliche Psychologie sich nicht in Grundlagenwissenschaft erschöpft, sondern vielfach anwendungsbezogen ist. Sie will damit unsere Gesellschaft und das Individuum anpassungsfähiger und effizienter machen. Sie ist darum bemüht, dass jeder Mensch sich besser bewähren kann und damit ein nützliches Teil der Gesellschaft ist. Sie steht damit ganz in der Tradition des Denkens Diderots, der dies als philosophisches Konzept entwickelt hat, eines, das unsere gesamte Gesellschaft seit 200 Jahren bestimmt (siehe weiter oben).

Mit Intelligenz-Tests wird etwa ermittelt beziehungsweise soll ermittelt werden, ob ein Bewerber für eine bestimmte berufliche Stelle geeignet ist. Ob das hinreichend funktioniert, ist umstritten. Aber von der Idee her soll beiden Seiten gedient werden. Die Bewerberin kann herausfinden, ob eine bestimmte berufliche Tätigkeit für sie sinnvoll ist. Ein Betrieb kann somit hoffen, passende Menschen für die offenen Stellen zu finden. Beide Parteien können sich so optimieren.

Ein anderes Beispiel: Wenn René Spitz bei Untersuchungen in Findelhäusern herausfand, dass kleine Kinder ohne emotionale Betreuung sich selbst töten können (Marasmus), dann ist der Praxisbezug offenkundig. Die dafür zuständigen Pflegekräfte dürfen fortan nicht nur aufräumen, Essen machen und die Betten aufräumen. Sie müssen die emotionalen Ersatzeltern für die Kinder sein. Auch damit ist verschiedenen Seiten geholfen: Die Waisenkinder fühlen sich besser und wachsen relativ gut auf, werden potenziell zu nützlichen Mitgliedern dieser Gesellschaft, diese wiederum investiert ihr Geld nicht so unsinnig, dass sich Kinder umbringen.

Weiteres Beispiel: Persönlichkeitstest wie das „Freiburger Persönlichkeitsinventar" dienen dazu, psychische Gesundheit oder psychische Störungen zu diagnostizieren. Beim Einsatz in einer Klinik kann entsprechend der Test-Befunde der Patient einer individuell geeigneten, auf seine Psychopathologie abgestimmten Behandlung zugeführt werden. Es muss nicht nochmals erwähnt werden, dass das beiden Seiten hilft oder helfen kann.

Die nun vorgestellten, dem Anspruch nach naturwissenschaftlich fundierten Lerntheorien und ihre anteilig daraus abgeleitete Verhaltenstherapie arbeiten mit relativ einfachen Methoden. Sie sind Teil des Traums der europäischen Neuzeit, dass alles technisch durchschaubar und machbar ist. Dieser Optimismus bildet einer der Grundlagen des Fortschrittglaubens der Neuzeit und der Moderne. Die Verhaltenstherapie soll den Menschen befähigen, den Fortschritt voranzutreiben und nicht stehen zu bleiben.

Lerntheorien

Nach dem Russen, Pawlow, dessen Lerngesetz klassisches Konditionieren genannt wird, lernen wir durch Reizkopplung. Sein legendärer Hund reagiert angeboren mit Speichelfluss auf den Reiz des angebotenen Futters. Wenn parallel zur Futtergabe eine Glocke ertönt, dann vermag für eine Zeitlang alleine die Glocke den

Speichelfluss auszulösen. Auf den Essalltag übertragen, bedeutet dies zum Beispiel, dass der Anblick des Kühlschranks dazu führt, dass jemand großen Appetit bekommt, den Kühlschrank eilig öffnet und zwei große Joghurts verspeist. Ein anderes Beispiel: Die ersten Sonnenstrahlen sind an einem der ersten warmen Frühlingstage zu sehen. Nahezu unwillkürlich wird der Gang zur nächsten Eisdiele angetreten, um dort das erste Eis zu kaufen, sich in die Sonne zu setzen und mit geschlossenen Augen das Eis zu genießen. Noch ein anderes Beispiel: Bis vor einigen Jahren war es möglich, dass auf Auto-Shows neben dem neuen Auto eine junge Frau mit sehr kurzem Rock stand, Gekoppelt wurde hierbei, dass der potenzielle Autokäufer auch diese Frau haben könnte. Nach Pawlow kann mit entsprechender Reizkopplung ein bestimmtes Verhalten erzeugt werden. Der Mensch kann also von außen gesteuert werden. Der Mensch kann von außen hergestellt werden.

Der amerikanische Psychologe, Watson, macht aus dem Experiment Pawlows eine Theorie, den Behaviorismus. Nur das beobachtbare Verhalten zählt. Das, was im Innern eines Menschen vorgeht, ist irrelevant. Seine Vision sieht so aus:

> „Geben Sie mir ein Dutzend gesunder Kinder, wohlgebildet, und meine eigene besondere Welt, in der ich sie erziehe! Ich garantiere Ihnen, dass ich blindlings eines davon auswähle, und es zum Vertreter irgendeines Berufs erziehe, sei es Arzt, Richter, Künstler, Kaufmann oder auch Bettler, Dieb, ohne Rücksicht auf seine Talente, Neigungen, Fähigkeiten, Anlagen, Rasse oder Vorfahren." (Watson 1930, S. 134 f.)

Keine Frage, Watson hat sich an diesem Punkt geirrt. Aber worauf er implizit aufmerksam macht, ist dies, dass wir in einer Bildungsgesellschaft, in der Moderne leben – mit allgemeiner Schulpflicht. Die Bildungsgesellschaft soll ermöglichen, dass ein jeder Mensch seine individuellen Talente entfalten kann und soll – zum Wohle von sich und der Gemeinschaft. Diesen Bildungsauftrag psychologisiert Watson. Er vergisst hierbei, dass gewiss die Gesellschaft den Einzelnen prägen kann, dass aber dieser wiederum diese mitgestalten kann und mit gestalten wird. Die Gesellschaft ist also keine schlichte Stanzmaschine. Darauf haben die sogenannten Baby Watcher nicht nur hingewiesen, sie haben es empirisch hinreichend gut untersucht (Dornes 1994).

Skinner erarbeitete ein anderes Lerngesetz als Pawlow: das operante Konditionieren. Ihn interessiert nicht, welche Reize gekoppelt werden, um ein bestimmtes Verhalten zu erzeugen. Er interessiert sich für die Verstärkung, die auf das Verhalten folgt. Mit welcher Verstärkung wird ein bestimmtes Verhalten häufiger auftreten? Seine Antwort lautete: mit einer positiven Verstärkung, einer Belohnung. Ein bestimmtes Verhalten wird dann seltener auftreten, wenn es bestraft wird. Vergleichbar mit Pawlow wird auch bei Skinner das Verhalten von außen gesteuert. Skinner ermächtigt damit indirekt die moderne Gesellschaft, das individuelle Verhalten zu steuern, zum Wohle aller! Einem absoluten Herrscher vor der Moderne war es vollkommen gleichgültig, was die Bevölkerung dachte und tat. Der Gesellschaft, in der sich jeder bewähren muss (Diderot), ist dies genau nicht mehr gleichgültig.

Und Skinner hat gar eine Utopie entwickelt:

> „In>Walden Two<wird eine imaginäre Gemeinschaft von ungefähr tausend Leuten beschrieben, die ein Idealleben führen. Sie haben sich in einer angenehmen, ländlichen Umgebung angesiedelt und arbeiten pro Tag nur ein paar Stunden, ohne jedoch dazu gezwungen zu werden. Ihre Kinder werden von Fachkräften erzogen, dass man sie wirksam auf ihr zukünftiges Leben vorbereitet. Das Essen ist gut, und Gesundheitswesen und ärztliche Behandlung ausgezeichnet. Es gibt viel Freizeit und viele Möglichkeiten, sie zu genießen. Kunst, Musik und Literatur stehen in Blüte, und auch die wissenschaftliche Forschung kann sich sehen lassen. (Skinner 1974, S. 35)

Und all das ermöglicht das operante Konditionieren. Das jedenfalls glaubte Skinner. Erstaunlich ist, dass wie bei Watson im Kleinen hier ein großes Bild der Bildungsgesellschaft gezeichnet wird. Skinner träumt von dieser. Die Kinder sollen gut erzogen werden, die Freizeit gehört der Kunst und der Muse. Bildung ist extrem wichtig. So reproduziert Skinner die Ideale der Bildungsgesellschaft, die Ideale der Moderne. Und die Psychologie, das operante Konditionieren, erzeugt diese Gesellschaft mit. Die Verhaltenstherapie stellt hierfür Techniken zur Verfügung, die das unerwünschte Verhalten eliminieren sollen:

- Aus dem klassischen Konditionieren lassen sich ableiten: Reizentkopplung und Reizkontrolle. Reizentkopplung bedeutet, dass ich bei den ersten Sonnenstrahlen nicht in die Eisdiele gehe und so auch kein Eis esse. Reizkontrolle meint, dass ich mit Einkaufszettel und nicht hungrig einkaufen gehe, dass auf meinem Couchtisch keine Schale mit Süßigkeiten ist.
- Aus Skinners operantem Konditionieren lässt sich die Technik der alternativen Belohnung ableiten. Anstatt mich mit Essen zu belohnen, das in der sogenannten Überflussgesellschaft die einfachste Form der Belohnung darstellt, muss ich für mich alternative Belohnungen erkunden und aufbauen: spazieren gehen, schlafen auf der Couch, Musik hören, Yoga, etc.
- Mit der kognitiven Wende in der Verhaltenstherapie wurde reklamiert, dass der Mensch Reize und Verstärkung bewerten kann. Dann kann ich die Verknüpfung von neuem Auto und der Frau im kurzen Rock auf der Auto-Show als billigen Trick einordnen, weswegen ich vom Kauf dieses Autos gewiss

absehe. Ich kann die verbale Verstärkung „Es ist wunderbar, Dich zu sehen" als falsches Kompliment wahrnehmen.

- Aus der kognitiven Wende lassen sich verhaltenstherapeutische Techniken ableiten: Selbstbeobachtung, Selbstbewertung, Selbstverstärkung: Ich mache zum Beispiel ein Ernährungsprotokoll (Selbstbeobachtung), schaue etwa, welches Essen ich am leichtesten ändern kann, wie ich Essen als Belohnung durch andere Verstärkungen ersetze. Eine andere Technik nennt sich kognitive Umstrukturierung: Ich gucke mir meine impliziten Grundannahmen an, etwa: „Wenn ich nicht täglich Fleisch esse, bin ich nicht stark". Ich überprüfe diese und stelle fest, dass an Tagen, an denen ich kein Fleisch esse, ich mich keineswegs schwächer fühle. So kann ich etliche Tage in der Woche haben, an denen ich kein Fleisch esse.

Ob traditionelle oder kognitive Verhaltenstherapie: Sie postuliert, dass ich das machen kann, was ich will, wenn ich die entsprechenden Techniken einsetze. Ich bin zu modifizieren wie das Auto in der Werkstatt repariert werden kann. In der Moderne ist eben alles möglich. Ich muss nur wissen wie. Ich muss mich bilden, ich muss am Ball bleiben, damit dies möglich ist. Wenn ich mein unerwünschtes Verhalten beseitigt habe, bin ich auch gewiss nützlicher für mich und die Gesellschaft.

Psychoanalyse

Die Psychoanalyse lässt sich theoretisch darstellen; wegen der Anschaulichkeit wird im Folgenden fallzentriert und in der ersten Person Singular referiert. Es handelt sich um eine fiktive Fallgeschichte, mit der einige der zentralen Begriffe der Psychoanalyse erläutert werden sollen.

Die Psychoanalyse nach Freud hat den Machbarkeitsmythos nicht. Mit ihr kann ich nicht mehr eindeutig klären, ob ein Verhalten erwünscht oder unerwünscht ist. Meinem Wunsch abzunehmen steht gegenüber, dass ich es fruchtbar finde, mich dem vorherrschenden Schlankheitsideal zu unterwerfen. Dann weiß ich gar nicht, was ich nun tun soll. In vielen Stunden meiner Psychoanalyse muss ich mit meinem Psychoanalytiker diese Ambivalenz klären. Er wird mir irgendwann erklären, dass mein Übergewicht mir als Schutzpanzer dient. Ich glaube, mich nicht anders wehren zu können. So macht er mein Unbewusstes bewusst. Auf einmal wird mir klar, dass das Übergewicht eine Funktion für mich hat, und dass es möglich ist, das Unbewusste bewusst zu machen – eines der zentralen Ziele der Psychoanalyse. Sie geht davon aus, dass vieles in unserer Psyche unbewusst abläuft, aber eben zu Anteilen wieder bewusst werden kann. Der Psychoanalytiker wird mir irgendwann sagen, dass mein Übergewicht mit begünstigt ist durch meine Kindheit: In der oralen Phase, gleich nach meiner Geburt, der die anale und die phallisch-genitale folgt, habe ich zu wenig emotionale Zuwendung erfahren. Ich kompensiere dies nun ein Leben lang mit Essen. Denn in der oralen Phase ist geliebt werden und nutritiv versorgt werden dasselbe. So kann ich ein Leben lang Liebe mit Essen ersetzen. Diese Deutung (einen Zusammenhang herstellen zwischen Lebensgeschichte und aktueller Lebenssituation und aktuellem Leiden) hilft mir dabei, das Essen zurückzustellen und mehr Zuwendung aus meinem Umfeld einzufordern, was auch gelingt. Dieses Einfordern gelingt mir, weil ich von meinem Psychoanalytiker gehalten werde. Bion nannte das Containing. Ich werde so gehalten, dass ich mich geborgen fühle. Ich erfahre zum ersten Mal in meinem Leben starke Zuwendung. Daraus lerne ich, dass ich auch von meinem Umfeld derartiges einfordern darf und kann.

Diese Therapiephase begann damit, dass ich meinen Psychoanalytiker eine Zeitlang so desinteressiert an mir erlebe, wie ich dies auch von meinen Eltern erfahren habe. Ich teilte ihm dies irgendwann mit. Er erwiderte, dass er zuhöre, und dass ich möglicherweise Bilder aus meiner Vergangenheit auf ihn übertrage. Dem musste ich nach einiger Zeit zustimmen. Es dämmerte mir, dass ich ihn so erlebe wie meine Eltern, dass er aber ganz anders war. Und er teilte mir mit, dass sich dies Übertragung nenne. Damit könnten Konflikte aus der Vergangenheit reaktualisiert werden. Sie werden damit bearbeitbar. Heimlich, ohne dies meinem Psychoanalytiker darüber zu informieren, las ich mich in Freuds Werk ein. Ich hatte also eine Neurose gehabt, einen unbewussten aktuell unlösbaren psychischen Konflikt. Ich hatte in der oralen Phase keine emotionale Zuwendung von meinen Eltern erfahren. Ich wusste auch nicht, wie ich diese später einfordern konnte. Ich entwickelte Symptome, übermäßiges Essen, das ein Ersatz für die emotionale Zuwendung darstellte. Immerhin etwas. Und mit dem Lesen Freuds verstand ich, wie ich funktionierte. Freud hat ein Strukturmodell der Psyche entwickelt: Es, Ich, Über-Ich. Das Es ist der Sitz der Triebe: Hunger Sex, Aggression. Das Es drängt auf sofortige Triebbefriedigung. Im Über-Ich werden die gesellschaftlichen Moralvorstellungen und Normen verinnerlicht. Mein Es drängt auf Futtern, Futtern, Futtern. Mein Über-Ich befiehlt mir, mich zu disziplinieren. Schlankheit steht heute für Selbstkontrolle, die Haupttugend unserer Zeit. Das Ich muss vermitteln zwischen dem Es und dem Über-Ich: ein bisschen Triebbefriedigung, aber auch nicht so viel.

Als ich noch übergewichtig war, hatte ich das so gelöst, dass ich viel aß, aber auch viel Sport machte. So war ich dann übergewichtig, aber auch nicht massiv. Nach zwei Jahren Psychoanalyse, drei Stunden pro Woche, war ich in der Lage, mein Leben besser zu verstehen, und emotionale Zuwendung von meinem Umfeld einzufordern, die ich auch tatsächlich bekam. So nahm ich nicht nur ab, sondern war viel zufriedener mit meinem Leben. Und ich war tatsächlich in der Lage, besser zu arbeiten. Ich hatte also das Therapieziel im Sinne Freuds erreicht: Erhöhung der Liebes- und Arbeitsfähigkeit. In meinem Beruf als Architekt war ich tatsächlich kreativer geworden. Meinem Bauchgefühl und meinen Phantasien ließ ich viel mehr Raum. Allerdings musste ich Freud in dem Sinne auch zustimmen, dass das Leben nicht nur von dem Liebestrieb bestimmt ist, sondern auch vom Todestrieb. Ich begann eine Affäre mit einer Kollegin, fuhr mit ihr am Wochenende ans Meer und erzählte meiner Frau, dass ich auf dem Bau sei. Und als wäre das nicht genug, fing ich noch etwas mit einer Nachbarin aus unserem Haus an. Meine Frau und meine Kollegin sind nicht dumm und kamen dahinter. Die Nachbarin und die Kollegin war ich dann los. Meine Frau zog aus und brauchte ein halbes Jahr, um wieder zurückzukehren. Wenn der Todestrieb daran zu erkennen ist, dass Beziehungen aufgelöst werden, dann hatte er mich doch ganz gut in der Hand gehabt.

Das fiktive Beispiel veranschaulicht, dass mit einem entfesselten Unbewussten destruktives Verhalten gefördert werden kann. Psychoanalyse bedeutet so nicht nur das Bewusstmachen des Unbewussten, sondern auch versuchte Kontrolle des Unbewussten, in diesem Falle des Todestriebs. Wäre dieser Architekt in den Zeiten der Affären noch in Psychotherapie gewesen, hätte der Psychoanalytiker eingreifen müssen: Warum sind die Affären wichtig? Muss er seine Frau belügen? Kann er mit ihr aushandeln, dass er zeitlich begrenzt etwas mit einer anderen Frau hat? Will seine Frau auch eine zeitlich begrenzte Affäre? Mit diesem Vorgehen, wäre der Todestrieb kontrolliert(er).

Humanistische Ansätze

Mit den humanistischen Ansätzen wird Schluss gemacht mit der Idee, dass der Mensch eine modifizierbare Lernmaschine ist, dass der Mensch auch vom Todestrieb bestimmt ist. Nein, der Mensch ist von Grund auf gut und versucht, seinem Leben Sinn zu verleihen. Er strebt nach Selbstverwirklichung. Das meinen Maslow und Rogers. Die beiden betreiben offenbar sehr gutes Marketing für die Moderne. Sie psychologisieren das moderne Konzept der Individualisierung, der Möglichkeit und der Pflicht zur Selbstverwirklichung, zur Einzigartigkeit, zur Optimierung der individuellen Talente, um Teil der erfolgreichsten Nation zu sein. Und selbstredend gefällt sich der humanistisch inspirierte Mensch darin, rein gut zu sein, von Natur aus.

Und ist er in der Beratung bei Rogers, dann erfährt der Klient wunderbare Dinge, die drei therapeutischen Basis-Variablen: unbedingte Wertschätzung, Empathie und Echtheit. Unbedingte Wertschätzung meint, dass der Klient ohne Bedingungen anerkannt wird. Bedingte Wertschätzung kann so umrissen werden: Ein Kind wird von seinen Eltern nur gelobt, wenn es gute Schulnoten nach Hause bringt. Das Kind fühlt sich dann nur gut, wenn dieses ihm gelingt. Falls nicht, fühlt es sich wertlos, nicht liebenswert. Sein Selbstwertgefühl ist insgesamt schlecht. Unbedingte Wertschätzung zu erfahren, bedeutet hingegen, sich so annehmen zu können, wie man ist, bedeutet, ein gutes Selbstwertgefühl zu haben, bedeutet, sich um sich zu kümmern. Und das gute Selbstwertgefühl führt zu einem längeren Leben. Mit Empathie, einfühlendem Verstehen, rückt die Person, die dies erfährt, in den Mittelpunkt. Sie kann sich in der ganzen Bandbreite und Vielschichtigkeit seiner Gefühle und Erfahrungen vorstellen. Damit lernt sie, sich selbst zu verstehen und sich anzunehmen und sich zu verzeihen. Echtheit, auch Kongruenz genannt, dient dazu, dass die zu beratende Person über die Beraterin einen Spiegel vorgehalten bekommt, wie sie auf andere wirkt, was sie bei anderen auslöst. Echtheit ermöglicht so, sich besser orientieren zu können.

Systemischer Ansatz

In den 60er Jahren des letzten Jahrhunderts gab es in Philosophie, Psychologie und Sozialwissenschaften eine Revolution. Das Individuum, der einzelne Mensch, wurde aus dem Zentrum des Denkens verdrängt. In Frankreich nannte sich das Strukturalismus, in den USA systemischer Ansatz. Mit dem Strukturalismus sind Namen verbunden wie Lévi-Strauss, Barthes, Lacan und Foucault. In „Die Ordnung der Dinge" (1974) ging Foucault der Frage nach, wie bestimmte Epochen denken, wie sie das Wahre von dem Falschen trennen. Es ging ihm also nicht darum herauszuarbeiten, wie wer gedacht und geschrieben hat, sondern wie eine Zeitperiode gedacht hat. Die Epoche gibt vor, was als gültig und ungültig angesehen wird. Der Einzelne denkt dann im Rahmen seiner Epoche. Die Epoche denkt ihn, wo er doch denkt zu denken. Dann geht es nicht mehr um die großen Philosophen. Lévi-Strauss entwickelte seine strukturale Ethnologie, Barthes eine strukturale Semiologie, Lacan eine strukturale Psychoanalyse und Foucault eine strukturale Philosophie. In den USA entwickelten etwa zur selben Zeit Watzlawick, Beavin, Jackson eine systemische Kommunikation („Menschliche Kommunikation" 1974). Das System, etwa eine Familie, gibt die Regeln der Kommunikation vor. Das System spricht, nicht der Einzelne. Im Grunde ist der Einzelne auch nicht krank. Er ist der Symptomträger eines Systems, das eine gestörte Kommunikation hat. Zu therapieren ist daher nicht das Individuum, sondern das System, etwa in der Familientherapie.

Das Individuum wird damit entmachtet, aber auch entlastet. Es muss sich nicht mehr groß selbstverwirklichen. Es liegt ja am System, ob dies gelingt. Es muss nicht mehr endlos arbeiten. Es liegt ja am System, wie gearbeitet wird. Auf einmal ist der ganze Stress vorbei, zumindest reduziert.

Watzlawick et al. haben Axiome der Kommunikation, die die Basis ihres systemischen Ansatzes bilden:

a) Die Unmöglichkeit, nicht zu kommunizieren

„Verhalten hat vor allem eine Eigenschaft, die so grundlegend ist, dass sie oft übersehen wird: Verhalten hat kein Gegenteil, oder um diese Tatsache noch simpler auszudrücken: Man kann sich nicht *nicht* verhalten... Handeln oder Nichthandeln, Worte oder Schweigen haben alle Mitteilungscharakter: Sie beeinflussen andere, und diese anderen können ihrerseits nicht *nicht* auf diese Kommunikation reagieren und kommunizieren damit selbst." (1974, S. 51)

Das ist wohl das berühmteste Axiom dieser Forschergruppe. Es räumt auf mit der Illusion, nicht kommunizieren zu können. Diese Illusion wird etwa deutlich in der Fahrstuhlfahrt in den 27. Stock mit neun Personen. Alle starren zur Decke oder auf den Boden, tun so, als ob sonst niemand da wäre. Tatsächlich ist die Unmöglichkeit, gebührend räumlichen Abstand zu halten, sehr verängstigend. Hinzu kommt die Angst, dass der Fahrstuhl stecken bleibt. Auch das Nicht-Reagieren auf eine SMS ist Kommunikation.

b) Die Inhalts- und Beziehungsaspekte der Kommunikation

„Wenn man untersucht, *was* jede Mitteilung enthält, so erweist sich ihr Inhalt vor allem als Information. Dabei ist es gleichgültig, ob diese Information wahr oder falsch ist, gültig oder ungültig oder unentscheidbar ist. Gleichzeitig aber enthält jede Mitteilung einen weiteren Aspekt, der viel weniger augenfällig doch ebenso wichtig ist – nämlich einen Hinweis darauf, wie ihr Sender sie vom Empfänger verstanden haben möchte. Sie definiert also, wie der Sender die Beziehung zwischen sich und dem Empfänger sieht." (ebd., S. 53)

Extrem wichtig bei diesem Axiom ist, dass die Beziehung vor dem Inhalt kommt. Die Beziehung determiniert den Inhalt. Wenn etwa ein Professor für Mathematik in der ersten Vorlesung im ersten Semester den Studierenden ausführlich erklärt, dass $1 + 1 = 2$ ist, dann fühlen sich die Erstsemester zutiefst veräppelt und entwertet. Sie schalten ab oder gehen raus. Der Professor erklärt sie für dumm und veranlasst die Studierende, ihm nicht mehr zuzuhören. Das war die erste und letzte Vorlesung bei ihm.

c) Die Interpunktion von Ereignisfolgen

> „Dem unvoreingenommenen Beobachter erscheint eine Folge von Kommunikationen als ein ununterbrochener Austausch von Mitteilungen. Jeder Teilnehmer an dieser Interaktion muss ihr jedoch unvermeidlich eine Struktur zugrunde legen, die Bateson und Jackson ... die >Interpunktion von Ereignisfolgen< genannt haben." (ebd. S. 57)

Die unterschiedlichen Interpunktionen sind die ideale Grundlage von zwischenmenschlichen Konflikten. Beispiel: Eine Ehefrau hat eine Affäre. Irgendwann gesteht sie dies ihrem Mann. Der ist verzweifelt. Sie sagt zur eigenen Rechtfertigung: „Auf der Straße hast Du unverhohlen anderen Frauen nachgeschaut." Er: „Wer wollte seit letzten Sommer keinen Sex mit mir haben?" Sie: „Wie oft habe ich Dir gesagt, dass, wer so viel wie Du arbeitet, bei der Partnerin keine besondere Vorfreude auslöst."

d) Digitale und analoge Kommunikation

> „Menschliche Kommunikation bedient sich digitaler und analoger Modalitäten. Digitale Kommunikationen haben eine komplexe und vielseitige logische Syntax, aber eine auf dem Gebiet der Beziehungen unzulängliche Semantik. Analoge Kommunikationen dagegen besitzen dieses semantisches Potential, ermangeln die für eindeutige Kommunikationen erforderliche logische Syntax." (ebd. S. 68)

Analoge Kommunikation, das ist die rationale. Digitale Kommunikation, das ist im Sinne Freuds die unbewusste, vielschichtige, vieldeutige Kommunikation. Die eine ist nicht besser als die andere. Sie ergänzen sich und sind beide notwendig.

e) Symmetrische und komplementäre Interaktionen

> „Symmetrische Beziehungen zeichnen sich also durch Streben nach Gleichheit und Verminderung der Unterschiede zwischen der Partner aus, während komplementäre Interaktionen auf sich gegenseitig ergänzenden Unterschiedlichkeiten basieren." (ebd. S. 69)

Wichtig hierbei ist, dass die eine nicht besser als die andere Interaktion ist. Eine Eltern-Kind-Interaktion ist notwendig komplementär: Die Eltern betreuen das Kind. Nicht minder verhält es sich bei der Beraterin-Klient-Beziehung. Die

Beraterin wird dem Klienten nicht klagend mitteilen, dass sie heute Kopfschmerzen hat. Täte sie es, müsste der Klient Rücksicht auf sie nehmen. Er müsste für sie da sein.

Auch diese fünf Axiome entlasten das Individuum. Nicht es spricht auf einem Feldherrenhügel mit einem anderen, das ebenfalls auf einem Hügel Platz genommen hat, vielmehr wird die Kommunikation von bestimmten Regeln bestimmt, denen sich niemand entziehen kann. So wird das Individuum eher gesprochen, als dass es spricht. Mit dem dritten Axiom wird so klar, dass ein Streit etwa in einer Partnerschaft durch unterschiedliche Interpunktionen bestimmt ist. Das jeweilige Individuum kann dann sagen: „Am Streit war ich doch gar nicht schuld. Schuld war das dritte Axiom."

Und mit dem systemischen Ansatz wird die Hybris, die Anmaßung der modernen Seele, die Simmel so gut beschrieben hat, in gewisser Weise abgeschafft. Die individuelle Psyche wird einfach nicht thematisiert. Sie ist aus dem Zentrum der Welt verschwunden.

Schluss

Als ich das Buch zu schreiben anfing, waren mir zwei Dinge nicht klar.

Zum einen war ich in einer Kritik der 68er Generation an der Psychologie ein wenig verfangen: Die Psychologie schafft angepasste Menschen, die arbeiten und nicht viel hinterfragen. Um Foucault zu vereinfachen: Der individuelle Körper wird staatlich enteignet, wird massiv diszipliniert, um ein nützliches Teil eines Nationalstaates zu sein. Es wird eine Psychiatrie erfunden, um die große Mehrheit der Bevölkerung mit der Drohung der Zwangseinweisung in die Klinik zur unauffälligen Normalität zu veranlassen. Diese Kritik an der Psychologie, respektive Psychiatrie übersieht geflissentlich die modernerhaltenden Funktionen der psychologischen Schulen: ja, menschliches Erleben und Verhalten ist zu ändern. Wir sind vom Schicksal oder von wem auch immer nicht zur Erstarrung gebracht worden. Wir können uns gestalten. Wir können und müssen das Unbewusste ergründen, um zu verstehen, wer wir sind. Darüber kann es uns gelingen, den Todestrieb so sehr in den Griff zu bekommen, damit er nicht die Grundlage totalitärer politische Ideologien wird. Mit einem optimistischen Menschenbild (der Mensch ist von Grund auf gut, er will sich selbst verwirklichen) ist eine Voraussetzung dafür geschaffen, produktiv an sich arbeiten zu wollen. Wird das System berücksichtigt, dann ist das menschliche Individuum entlastet. Es ist nicht für alle verantwortlich. Es muss nicht von einer großen Seele erschlagen werden. Die Psychologie ist so in der Tat eine Verteidigerin der Moderne.

Zum anderen schwamm ich ein wenig mit auf der Welle der relativen Gleichgültigkeit gegenüber den Errungenschaften der Moderne. Ein Diderot wurde ins Gefängnis gesperrt wegen dem, was er schrieb. Ich kann schreiben, was mir durch den Kopf geht. Von der Gefängnisstrafe bin ich gewiss nicht bedroht. Und wenn ich in Rente gehe, dann bekomme ich eine monatliche Rente. Und wenn ich erkranke, dann zahlt die Kosten meine Krankenversicherung. Und ich habe immer

© Der/die Autor(en), exklusiv lizenziert durch Springer Fachmedien Wiesbaden GmbH, ein Teil von Springer Nature 2021
C. Klotter, *Die Psychologie als Verteidigerin der Moderne,*
essentials, https://doi.org/10.1007/978-3-658-33365-2_9

genug zu essen. All das war eher eine Selbstverständlichkeit. Durch das Schreiben dieses Buches hat sich das geändert. Ich bin nun nahezu erschüttert, darüber, dass es uns so gut geht. Und dieses gilt es zu verteidigen. Mit aller Macht.

Mit aller Macht ist zu verhindern, dass totalitäre Ideologien weiter an Boden gewinnen.

Was Sie aus diesem *essential* mitnehmen können

- Die negative Sicht auf die Moderne übersieht deren unfassbaren Errungenschaften.
- Die Moderne muss sich gegen totalitäre Ideologien besser wappnen.
- Die Psychologie und deren praktische Anwendung verteidigt auf unterschiedliche Weise, aber entschieden die Moderne.
- Die von Rogers entwickelte psychotherapeutische Basisvariable „unbedingte Wertschätzung" ist das Gegengift zur Leistungsgesellschaft.

© Der/die Herausgeber bzw. der/die Autor(en), exklusiv lizenziert durch
Springer Fachmedien Wiesbaden GmbH, ein Teil von Springer Nature 2021
C. Klotter, *Die Psychologie als Verteidigerin der Moderne,*
essentials, https://doi.org/10.1007/978-3-658-33365-2

Literatur

Bohrer, K. H. (1998). Zum historischen Ironieverlust in der Moderne. Merkur, 9/10. Stuttgart: Klett-Cotta, 794–807

Diderot D. (2001). Die Welt der Enzyklopédie. Frankfurt: Die andere Bibliothek

Dornes, M. (1994). Der kompetente Säugling. Frankfurt: Fischer

Foucault, M. (1974). Die Ordnung der Dinge. Frankfurt. Suhrkamp

Foucault, M. (1993). Technologien des Selbst. In M. Foucault, M. Rux, L. H. Martin, W. Paden, K. Rothwell, H. Gutman, P. H. Hutton. Technologien des Selbst. Frankfurt: Fischer, 24–62

Früchtl, J. (1998). Die Stadt als Denkbild der Post Moderne. Merkur, 9/10. Stuttgart: Klett-Cotta, 766–780

Jüttemann, G., Sonntag. M., Wulf, Ch. (Hg.) (1991). Die Seele. Weinheim. Psychologie Verlags Union

Kant, Erhard, Hamann, Herder, Lessing, Mendelssohn, Riem, Schiller, Wieland (1974). Was ist Aufklärung? I. Kant: Beantwortung der Frage: Was ist Aufklärung? Stuttgart: Philipp Reclam jun., 9–17

Klotter, Ch., Beckenbach, N. (2012). Romantik und Gewalt. Wiesbaden. Springer

Klotter, Ch. (2018). Warum der Spaß am Bösen ein Teil von uns ist. Wiesbaden: Springer

Klotter, Ch. (2020). Einführung Ernährungspsychologie. 4. Auflage. München: utb

Kuhn, Th. S. (1976). Die Struktur wissenschaftlicher Revolutionen. Frankfurt: Suhrkamp

Lyotard, J. F. (1988). Die Moderne Redigieren. Bern: Benteli Verlag

Lyotard, J. F. (2019). Das postmoderne Wissen: Wien: Passagenverlag

McKeown, Th. (1982). Die Bedeutung der Medizin. Frankfurt: Suhrkamp

Merkur (1998). 9/10. Stuttgart: Klett-Cotta

Myers, D. G. (2005). Psychologie. Heidelberg: Springer

Nicolaisen, P. (2010). Thomas Jefferson. Reinbek: rororo

Schäfer, P. (2020). Kurze Geschichte des Antisemitismus. München: C. H. Beck

Schmidt, N. D. (1995). Philosophie und Psychologie. Reinbek: rororo

Simmel, G. (1990). Vom Wesen der Moderne. Hamburg: Junius Verlag

Skinner, B. F. (1974). Die Funktion der Verstärkung in der Verhaltenswissenschaft. Reinbek: Rowohlt

Sombart, W. (1913, aktuelle Auflage ohne Jahresangabe). Liebe, Luxus, Kapitalismus. Berlin: Wagenbach

Vorländer, K. (1992). Immanuel Kant – Der Mann und das Werk. Hamburg: Felix Meiner
    Verlag
Watson, J. B. (1930). Der Behaviorismus. Stuttgart …: Deutsche Verlagsanstalt
Watzlawick, P., Beavin, J. H., Jackson, D.D. (1974). Menschliche Kommunikation. Bern …:
    Verlag Hans Huber
Weber, M. (1993). Die protestantische Ethik und der Geist des Kapitalismus. Bodenheim:
    Athenäum
Welsch, W. (Hg.) (1988). Wege aus der Postmoderne. Weinheim: VCH Verlag
Zimbardo, Ph. G., Gerrig, R. J. (2004). Psychologie. München: Pearson Studium

Printed in the United States
by Baker & Taylor Publisher Services